KB081557

아무도 모르는 브랜드?
아무나 모르는 브랜드!

1판 1쇄 발행 2024년 3월 18일

지은이 이광석
펴낸이 배충현
펴낸곳 갈라북스
출판등록 2011년 9월 19일(제2015-000098호)
전화 (031)970-9102 / **팩스** (031)970-9103
블로그 blog.naver.galabooks
페이스북 www.facebook.com/bookgala
이메일 galabooks@naver.com

ISBN 979-11-86518-78-6 (03320)

「이 도서의 국립중앙도서관 출판예정도서목록(CIP)은 서지정보유통지원시스템 홈페이지 (http://seoji.nl.go.kr)와 국가자료공동목록시스템(http://www.nl.go.kr/kolisnet)에서 이용하실 수 있습니다.」

* 이 책은 저작권법에 따라 보호받는 저작물이므로 무단 전재 및 복제를 금합니다. / 책의 내용은 저자의 견해로 갈라북스와 무관합니다. / 갈라북스는 ㈜아이디어스토리지의 출판브랜드입니다. / 값은 뒤표지에 있습니다.

아무도 모르는 브랜드?
아무나 모르는 브랜드!

핵개인 시대에 살아남는 브랜딩 문법

이광석 지음

갈라북스

정답은 없고 오답은 있다

브랜딩을 다룬 수많은 책과 콘텐츠가 시장에 유통되고 있지만 이걸 읽어도 "브랜딩이 무엇이고 어떻게 해야 하나요?"라는 질문에 내게 꼭 맞는 답을 내리는 것이 어렵습니다. 같은 질문에 브랜딩이 아니라 사업, 사랑, 행복이라는 단어를 넣어도 결과는 같습니다. 이 단어들은 그 의미가 매우 광범위하여 관점에 따라 다르게 정의를 내릴 수 있고 개인이 처한 환경의 변수에 따라 실행 방법도 모두 제각각입니다. 이때는 질문을 다시 점검해 볼 필요가 있습니다. '브랜딩 어떻게 해야 하지?'라는 물음의 근저에는 '성공하기 위해서'가 깔려 있습니다. 따라서 '어떻게 하면 브랜드가 성공할까?'가 완결된 질문일 것입니다.

이 질문을 바꾸기 전에 도움이 될만한 일화 하나를 소개하겠습니다. 미국의 한 공군 장교의 이야기입니다. 그의 임무는 조종사들이 비행기를 안전하게 이, 착륙할 수 있도록 기상을 관측하는 일이었습니다. 하루종일 혼자 책상에 앉아서 기상 데이터를 분석하거나 조종사들의 운행 스케줄을 관제하는 지루하기 짝이 없는 임무였습니다. 그럼에도 그는 이 일을 더 잘하기 위한 생각을 멈추지 않았습니다. 그러던 어느 날 '어떻게 하면 조종사들을 죽일 수 있을까?'라며 질문을 뒤집어 봅니다. 조종사를 죽게 만드는 모든 방법을 찾아서 그것만 일어나지 않도록 한다면 자신의 임무를 다하는 것이라 생각한 것입니다. 다소 섬뜩한 워딩이지만 '어떻게 하면 이 일을 더 잘할까?'보다 해야 할 일이 훨씬 명료해지면서 그는 조종사를 무조건 죽음에 이르게 하는 몇 가지 요인을 찾아냈고 복무 내내 이 일이 일어나지 않도록 하는 것에 집중했습니다.

이 공군 장교는 전설적인 투자자 워런버핏의 오른팔이자 버크셔헤서웨이의 부회장 찰리멍거입니다. 워런버핏은 그를 끔찍한 No Man이라고 부를 정도로 뒤집어서 생각하고 비판적인 견해를 쏟아내기로 유명합니다.

'어떻게 하면 브랜드가 실패할까?'로 질문을 뒤집어 보면 좀 더 할 일이 명료해질 수 있습니다. 하나의 사업이나 프로젝트가 성공하기까지는 수많은 변수가 작용합니다. 따라서 성공한 회사와 조건이 다른 환경에서는 결코 같거나 유사한 결과가 나올 수 없습니다. 책 한 권 읽은 대표님이 가장 무섭다는 말이 있습니다. 웃어 넘기기에는 지극히 극사실주의적 표현입니다. 남들이 해서 성공했다는 사례를 피상적으로 따라 하는 것은 위험합니다. 자신의 상태를 정확히, 객관적으로 아는 것이 먼저고(이것을 대부분 실패합니다) 그다음 성공 사례를 비판적으로 수용할 필요가 있습니다.

성공은 수백만 번의 의사결정이 누적되어야 일어나지만 실패는 단 한 번의 의사결정으로도 일어나곤 합니다. 따라서 다른 브랜드의 시행착오를 통해 실패의 방법을 찾고 이것이 일어나지 않도록 하는 것도 성공 확률을 높이는 한 방법이 될 수 있습니다. 브랜딩(그리고 사업, 사랑, 행복해지는 법)에 정답은 없지만 오답은 있습니다.

시장은 커졌지만 고객은 작아졌습니다. 다시 말해, 고객 집단이 뾰족하게 초세분화되었습니다. 빅데이터 전문 기업 바이브 컴퍼니의 설립자이자 스스로를 시대의 마음을 캐는 '마인드 마이너'라 부르는 송길영 님은 그의 저서 『시대 예보』에서 '핵개인'이라는 개념을 주장합니다. 대가족 제도가 붕괴되면서 2000

년대 '핵가족'이라는 개념으로 사회 현상을 설명한 것과 같은 맥락입니다. 저자는 오늘날은 가족이라는 최소 공동체마저 붕괴되면서 다분화/다양화된 개인이 살아가는 '핵개인'의 시대가 도래했다고 말합니다. 3인 가족 중 어머니 한 명의 취향만 저격하면 팔 수 있었던 3~4인용 소파를 이제는 어머니, 아버지, 아들/딸의 전혀 다른 취향과 니즈에 맞는 1인용 소파 3~4개를 팔아야 합니다. 핵개인으로 분화된 시대의 개인은 지역, 학교, 회사, 가족이라는 공동체에 자신의 정체성을 의탁하는 대신 관심사, 취향, 가치관 나아가 삶의 방식을 스스로 설정하고 이를 공유하는 사람들과 연대를 맺습니다. 과거에 '50~60대 주부'라는 대 단위의 전체주의적 정체성이 지금은 '영웅시대(50~60대 여성이 대다수인 가수 임영웅 님의 팬클럽 명)'라는 소규모의 개인주의적 정체성으로 변모했습니다. 바로 이 연대를 저는 '아무나 모르는 브랜드'의 최소 단위 고객으로 규정합니다.

저는 15년 간 브랜드를 만들고, 운영하고, 관찰하는 과정에서 소위 요즘 뜨는 브랜드들이 공유하는 몇 가지의 공통점을 찾을 수 있었습니다. 이 책에서 제안하는 '아무나 모르는 브랜드'는 새로운 브랜딩 기법이나 이론이 아니라 초 세분화한 시장에 적응한 현상 중 하나라는 설명이 더 적합할 것 같습니다. 수백만 개의 유튜브 채널에서 개인만의 취향을 만들어가는 고객을 대 단위로 집단화하거나 일반화하는 것은 불가능에 가깝습니다. 따라서 '누구나 아는 브랜드'가 되려고 했던 기존 방식과 관점에서 벗어나서 오늘날의 진화한 시장에 적응한 브랜드들의 문법을 이해하고 적응한다면 아무나 모르지만 아는 사람들은 열광해 마지않는 브랜드가 될 수 있습니다.

이 책은 총 4장과 1장의 부록으로 구성되어 있습니다. 1장 〈이해〉편은 브랜딩에 대해 저마다 갖고 있는 이해의 감도, 정의를 하나의 출발선에 맞추는 것에 의미가 있습니다. 정답이 없는 주제에 대해 이야기해야 할 때 주요 개념을 정의하고 합의하는 것은 어떤 주제의 논의에서건 매우 중요합니다. 왜 오늘날 브랜드가 중요한 수단이 되었는지 연대순으로 경위를 살펴보고 소규모 브랜드가 실제 맞닥뜨리는 사건을 중심으로 브랜드가 어떻게 고객과 소통하는지를 설명합니다. 2장 〈진단〉편은 다수 브랜드의 컨설팅을 하며 발견한 문제 진단(오답)의 사례 중 빈도 수가 높거나 소위 뼈 맞았다는 말을 들은 것들을 담았습니다. 각 사례가, 내가 겪는 상황과 완벽히 같지는 않더라도 질문과 답을 내리는 과정을 따라가 보면 공통적인 현상을 일으키는 원리를 발견할 수 있을 것입니다. 이것에 공감이 되신다면 자신의 브랜드를 타자의 시선으로 바라보는 시간을 가져보시길 제안드립니다. 이해하고 문제를 진단했다면 이제 해결해야 할 텐데요. 3장 〈실전〉편은 시장 적응에 성공한 브랜드에게서 공통적으로 발견되는 문법을 마케팅 퍼널이라는 도구를 가져와 설명했습니다. '성공한 브랜드는 이걸 했더라' 하는 이야기가 '성공하려면 이것만 하면 된다더라'로 읽히지 않길 바랍니다. 마지막으로 4장은 〈이슈 크리틱〉편입니다. 빠르다는 말도 무색할 정도로 시시각각 변화하는 시장에서 이슈를 비판적으로 바라보고 시사점을 찾아내는 작업은 브랜드의 유연성을 높이는 것에 매우 유용합니다. 어떠한 원리는 반드시 실체적 현상으로 보여집니다. 대중의 눈에 띌 정도의 현상(이슈)이라면 그것이 발생한 이유를 디깅 해보고 작동 원리를 유추해 보는 것은 의미가 있습니다. 코로나를 경유하며 크게 이슈가 되었던 현상을 4가지 꼽았습니다. 해당하는 이슈를 찐, 하게 경험했고 이를 통해 얻은 인사이트를 나눕니다. 마지막으로 〈부록〉은 일을 하며 깨달은 점을 추가로 담았습니다. 군이 따지자면 마케팅 TIP정도라고 말씀드릴 수 있겠습니다. 결국은 물건을 잘 파는 것이 목적이니 브랜딩과 마케팅을 구분하기보다는, 읽는 분들께 도움이 될 수 있는 시행착오와 인사이트라면 나누는 의미가 있다고 생각합니다.

저는 정답도 없고 마침표도 없는 일을 대할 때는 확률을 높이는 것에 집중합니다. 사업을 그렇게 했고 브랜딩도 같은 범주의 일이라고 생각합니다. 그래서 지인들에게는 '브랜딩은 소거법'이라는 말을 종종 합니다. 만약 당신이, 해야 할 일과 무엇인가를 더 해야 한다는 불안감으로 머리가 복잡하다면 이 책이 하루 정도는 무엇을 하지 않을 것인지 생각해 보는 기회를 제공하길 바라봅니다.

4장_ 이슈 크리틱 편

부 록

1장
이해 편

|

1. 가치 소비 시대

<u>브랜드,</u>

<u>뒤샹</u>

1917년의 일입니다. 뉴욕에 사는 한 프랑스 청년이 모트 아이언 웍스(Mott Iron Works)라는 배관 전문 업체에서 소변기 하나를 구입합니다. 그러고는 작업실에 소변기를 가져와 〈R. mutt 1917〉이라고 서명만 한 뒤, 뉴욕 독립예술협회에서 주최하는 앙데팡당전에 〈샘 Fountain〉이라는 이름으로 출품합니다. 〈샘〉을 본 관람객들은 당황했고 비평가들은 조롱했습니다. 얼마 지나지 않아 전시 위원회는 〈샘〉의 전시를 금지하는 결정

을 내립니다. 이후 작품은 누군가에 의해 파손되었다는 루머와 함께 자취를 감추는데요. 배고픈 예술가가 평단의 주목받고자 벌인 해프닝이었을까요?

2004년 12월 1일, 영국의 권위 있는 미술상인 〈터너상〉 시상식에서 20세기 가장 위대한 작품에 마르셀 뒤샹(Marcel Duchamp, 1887~1968)의 〈샘〉이 선정되었습니다. 출품 당시 조롱과 비판을 받았던 〈샘〉은 약 90년이 지나 가장 영향력 있는 현대미술 작품이 된 것입니다. 뒤샹은 자신의 개념(의도)을 표현하기 위해 무언가를 '창작'하는 대신 기성품을 '선택'했을 뿐입니다. 배관업체보다 전파사가 더 가까웠다면 라디오를 선택해 출품했을지도 모릅니다. 기존의 물건에 어떠한 변형이나 디자인을 가하지 않고 제목만 부여하여 전시하는 것을 '레디메이드 Ready-made'라고 합니다. 사전적 의미로는 '이미 만들어진', '기성품의'라는 뜻이지만 뒤샹에 의해 미술의 한 개념으로 자리 잡게 되었습니다. 미술사는 〈샘〉을 경계로 이전과 이후로 나뉜다고 해도 과언이 아닙니다. 'Before 샘'은 작가라는 절대자에 의해 작품이 창조되었다면 'After 샘'은 작가가 기성품을 선택하여 전시장에 갖다 놓는 것만으로도 예술이 될 수 있는 개념미술의 시대가 열린 것입니다. 작품의 탁월성보다는 작가로서 갖

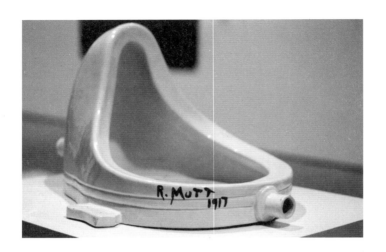

마르셀 뒤샹의 〈샘 Fountain〉 설치 전경
출처 : James Broad

는 권위, 시장에서 쌓아 온 인지도가 작품을 평가하는 잣대가 되는 것에 대한 비판적 태도가 엿보이는 〈샘〉을 보면 왠지 기시감이 듭니다. 오늘날 브랜드가 만들어지고 소비되는 과정과 크게 다르지 않아 보이기 때문입니다. 의류 브랜드인 슈프림 SUPREAM이 찍힌 상품은 장르 불문 오픈런을 만들고 뮤지션인 BTS는 갑자기 빵을 출시해도 기다렸다는 듯 불티나게 팔립니다. 제품은 거들뿐, 소비자는 브랜드의 인지도와 가치를 구매하는 것인데요. 브랜드를 이해하고 만들기 위해서는 우리가 가치를 소비하게 된 경위를 살펴볼 필요가 있습니다.

기술의 시대,
성능을 팔다

　편리함을 마다하는 사람은 없습니다. 그래서 대부분의 비즈니스는 불편함을 해결함으로써 돈을 법니다. 1913년 일본 오사카에 이치카와 형제상회(市川兄弟商会)라는 보온병 제조회사가 설립되었습니다. 조지루시 마호빙 주식회사(象印マホービン株式会社)의 전신입니다. 조지루시라는 회사 이름은 낯설어도 코끼리

入國場에 쌓이는 '日製밥통'

해외旅行者들 '안방주문'에 너도나도…

韓國人단골 日호텔주변 商街
'밥통 싸게팝니다' 한글案内文

日서도 구경거리되가 일쑤
主婦극성이 '나라망신,까지

일본 밥통의 유행을 조명한 신문 기사
출처 : 코트라 홈페이지

22

밥솥은 기억하실 것입니다. 80년대 우리나라에 이른바 '코끼리 밥솥 열풍'을 일으킨 회사입니다.

당시 일본 여행이나 출장을 다녀오면 너도나도 코끼리 밥솥과 파나소닉 오디오를 이고 지고 귀국하곤 했습니다. 지금은 삼성과 LG에 자리를 내주었지만 당시 일본은 전자제품 시장에서 글로벌 최강국이었습니다. 80년대 우리나라는 압력 밥솥을 가스불에 올려 밥을 짓고 남은 밥은 전기로 작동하는 보온밥통에 옮겨 담아 두었다가 저녁식사까지 먹곤 했습니다. 이런 상황에서 코끼리 밥솥은 취사와 보온이 한 번에 가능하고 시간에 맞춰 불 조절을 해야 할 필요도 없으니 가사 노동의 불편함을 획기적으로 줄일 수 있었습니다. 압력 밥솥에 비해 밥 맛은 약간 떨어지더라도 압도적으로 편리한 코끼리 밥솥이 시장을 장악하게 됩니다.

1998년 국내 회사 쿠쿠의 전기압력밥솥이 등장하면서 대세는 다시 바뀝니다. 인덕션(IH) 히터 방식의 기술로, 압력밥솥으로 지은 듯 찰기 있는 밥을 재현하며 출시되자마자 대세로 자리 잡습니다. 코끼리밥솥의 한계였던 '밥 맛'을 해결한 것이죠. 기술의 차이는 설득이 쉽습니다. 어떤 기술이 어떤 결과를 만들어주는지가 분명하죠. 가격 경쟁력만 갖춘다면 홍보나 마케팅을 굳이 하지 않아도 1등 제품이 될 수 있었습니다. 기술력은 1차적으로 '편의성'의 향상을 도모하는 특징이 있습니다. 코끼리 밥솥은 밥 짓기와 보관하기를 한 번에 해결하는 '편의성'을 제공하여 전기밥솥 시장을 개척했습니다. 시장이 만들어진 이후부터 기술력은 '성능'의 향상을 도모합니다. 조지루시의 밥솥보다 쿠쿠의 밥솥이 더 맛있는 밥을 만들 수 있는 기술력을 가졌기 때문에 마켓 체인저가 될 수 있었습니다. 전기압력밥솥은 압력밥솥으로 지은 찰기 넘치는 밥을 '재현'하며 충분한 성능을 가지게 됩니다. 이제 고객은 어떤 가치가 필요할까요? 기술력이 상향 평준화되면 고객은 더 좋은 것이 아니라 다른 것을 찾습니다.

디자인의 시대,
아름다운 것을 팔다

"마누라와 자식 빼고 다 바꿉시다."

1993년 6월 7일, 삼성의 핵심 CEO와 고위 임원들을 모아둔 자리에서 이건희 삼성그룹 회장이 던진 이 말은 두고두고 회자됩니다. 이른바 '프랑크푸르트 신경영 선언'은 지금의 삼성을 만들 수 있었던 대 전환점이었습니다. 뒤 이어 던진 방향성까지 기억하는 사람은 드물 텐데요.

"앞으로 세상에 디자인이 제일 중요해진다. 개성화로 간다. 자기 개성의 상품화, 디자인화, 인간공학을 개발해야 합니다. 앞으로 개성을 어떻게 하느냐 디자인을 어떻게 하느냐가 중요해진다. 좋은 값을 받으려면 디자인부터 최고급으로 해서 여기에 간편하고 편리한 기능을 추구해야 한다."

이건희 회장은 1993년에 산업의 주요한 승부처는 '디자인'이 될 것임을 예견하고 1995년에 디자인 교육기관(SADI)까지 만들어 자사에 필요한 인재를 육성하기도 합니다. 2000년대 들어 기업의 디자이너 수요가 급증하자 대학에서는 디자인 과를 신설하여 브랜드, 그래픽, 커뮤니케이션, 제품, UX/UI, 서비스 디자인 등 디자인 분야 안에서도 세분화된 전문성을 가르치기 시작합니다. 기술은 팩트지만 디자인은 취향이다 보니 기업 입장에서는 우리 제품의 디자인이 타사보다 더 낫다고 말하기가 다소 애매합니다. 이때 우열을 가릴 실체가 등장합니다. 스타 디자이너 마케팅과 세계 3대 디자인 어워드입니다. 스타 디자이너의 영입이 브랜드를 좌지우지하는 명품 브랜드처럼 자동차 시장에서도 '피터슈라이어의 아우디'와 같이 스타 디자이너를 통해 디자인의 우위를 입증하고자 합니다. 이뿐 아니라 레드닷, IF, IDEA의 세계 3대 디자인 어워드에 출품하여 마크를 따내고자 노력합니다. 그럼에도 불구하고 본질적으로 취향의 영역에서 작동하는 디자인의 한계는 기업에게 지속적 우위를 가져다주지 못했으며 사회적으로는 개인이 더욱 중요해지는 시대적 변화를 겪으면서 기업은 다시 고민에 빠집니다. 이제 무엇으로 경쟁의 우위를 가져갈까요.

브랜드의 시대,
이념/가치를 팔다

"여기 미친 이들이 있습니다. 부적응자, 혁명가, 문제아 모두 사회에 부적격인 사람들입니다. 하지만 이들은 사물을 다르게 봅니다. 그들은 규칙을 좋아하지 않고 현상 유지도 원하지 않습니다. 그들을 찬양할 수도 있고, 그들과 동의하지 않을 수도 있으며 그들을 찬미할 수도 비방할 수도 있습니다. 하지만 할 수 없는 일이 딱 한 가지 있습니다. 결코 무시할 수 없다는 사실입니다. 그들이 세상을 바꾸기 때문입니다. 그들은 인류를 진보시켰습니다. 다른 이들은 그들을 미쳤다고 말하지만 우리는 그들에게서 천재성을 봅니다. 미쳐야만 세상을 바꿀 수 있다고 생각하기 때문입니다. "

1997년 애플의 TV광고 〈Think Different〉에 나오는 내레이션입니다. 애플은 광고에서 제품 대신 피카소, 마리아 칼리스, 간디, 루터 킹목사, 아인슈타인, 채플린, 존 레논과 오노요코, 제인구달, 로사 팍스 등 세상을 바꾼 천재들을 보여주며 그들을 찬양합니다. 그리고 영상의 마지막 장면에 애플의 로고와 Think Different라는 메시지 하나를 보여줍니다. 1분간 이어지는 광고 어디에도 애플이 어떤 회사인지 설명하거나 팔고자 하는 제품이 등장하지 않습니다. 그저 세상을 바꾼 천재들을 찬양할 뿐이죠. 그리고 슬로건과 로고를 한 장면에 담음으로써 애플이 세상을 바꾸는 회사라는 이미지를 얻고자 합니다. 1997년은 스티브 잡스가 경영 분쟁으로 애플에서 쫓겨난 후 약 10년 만에 임시 CEO로 다시 애플에 복귀한 해이기도 합니

애플의 〈Think Different〉 TV광고 캠페인 중 한 장면
출처 : https://www.youtube.com/watch?v=U0EYElw4yN4

다. 1998년 애플은 모니터와 본체를 일체화한 아이맥을 출시하여 데스크톱 시장의 마켓 체인저가 됩니다. 2001년에는 아이팟을 발표하여 MP3 시장을 바꿔놓습니다. 그리고 2007년 애플이 출시한 핸드폰은 시장이 아니라 '세상'을 바꿔 놓았습니다. 〈Think Different〉는 애플의 브랜드 이념이자 슬로건입니다. 애플은 자신들이 판매하는 제품의 성능이나 디자인을 설명하는 대신 브랜드의 이념을 메시지화하여 전달합니다. 메시지에 공감하는 사람들은 애플 브랜드의 모든 활동을 로고에 저장하고, 그 결과 고객의 시선이 '시장에 어떤 제품이 출시되는가'에서 '애플이 무엇을 출시하는가'로 바뀌게 됩니다. 좀 심하게 이야기하면, '애플 is 뭔들'이 되는 것입니다.

스마트 폰 시장 1, 2위 제품인 아이폰과 갤럭시를 두고 애플과 삼성은 브랜드 비교 사례에 자주 등장합니다. 잘 알려진 것처럼, 아이폰에 들어가는 배터리, OLED(디스플레이), D램, 낸드플래시 등의 핵심 부품은 대부분 삼성의 제품입니다. 두 기업의 제품을 두고 성능이나 디자인의 차이를 논하는 것은 큰 의미가 없습니다. 스마트폰의 카메라가 화소 경쟁을 하다가 결국은 '아이폰 사진은 좀 필카같은 느낌이 들어, 갤럭시는 좀 쨍한 느낌이지'와 같은 고객이 받아들이는 감각의 영역으로 넘어갔습니다. 기술은 상향 평준화 되었고 디자인은 이제 취향의 영역에서만 작동할 정도로 수준이 높아졌습니다. 두 회사의 우열을 가리긴 힘듭니다만 이것 하나만큼은 애플이 확실한 우위에 있습니다. 세상을 바꾸는 기업이라는 브랜드 이미지입니다. 1990년대 후반부터 20여 년간 애플은 시장을 바꾸거나 창조하며 〈Think Different〉의 이념을 줄곧 실천해 왔습니다. 그리고 오늘날 애플은 시가총액 3조 달러를 넘어선 인류 역사상 첫 번째 기업이 되었습니다.

유의미한 정서의
포착과 정의

　기술, 디자인의 시대와 달리 브랜드의 시대는 대기업과 개인사업자가 나란히 경쟁이 가능하다는 것이 특징입니다. 자본력이 부족한 개인이라도 공장을 짓지 않고도 제품을 만들 수 있고 영업팀을 갖추지 않아도 판매가 가능하며 대규모 마케팅팀이 없어도 손쉽게 원하는 타겟에게 홍보가 가능해졌습니다. 따라서 마이크로 타겟에게 공감 가는 가치나 생각을 공유할 수 있다면 비즈니스가 되는 시대입니다. 이러한 비즈니스 환경의 변화에서 짚어야 할 중요한 시사점은, 과거에는 제품을 잘 만드는 것이 기업의 역량이었다면 이제는 '유의미한 고객집단이 공유하는 정서를 포착하고 공감 가도록 정의하는 것'이 기업이 갖추어야 할 핵심 역량이 되었습니다.

직장을 퇴사한 한 청년이 퇴사부터 브랜드를 론칭하기까지의 과정을 유튜브에 방송합니다. 초기 파트너를 누구로 정할지, 어떤 프로젝트를 해나가는지, 브랜드 페르소나는 어떻게 만들어가는지 등 아주 상세하고 솔직하게 보여줍니다. 좌충우돌하는 모양새가 안쓰럽다가도 왠지 내 모습 같아 묘하게 공감이 갑니다. 2020년 5월 1일 노동절, 홍대의 한 편집숍에 줄이 길게 늘어섭니다. '프리워커들을 위한 작은 농담'이라는 슬로건을 들고 모베러웍스가 오프라인에 모습을 드러냈습니다. 프리워커스는 새로운 방식으로 일하는 사람들을 의미하며 모베러웍스라는 브랜드는 이들을 위해 농담을 던지는 활동을 합니다. 돈은 어떻게 버는 걸까요? 속살을 들여다보면 유튜브 채널을 운영하고 외주 용역 프로젝트를 합니다. 자체 제작한 옷과 이런저런 굿즈들을 팔기도 합니다. 노동절에 맞춰 팬들과 행사도 합니다. 무엇을 하는 회사인지 한마디로 답하기가 어렵습니다.

조지루시와 쿠쿠는 제품을 팔기 위해 기술력을 활용했습니다. 삼성은 기술력 시대의 한계를 인지하고 제품을 팔기 위해 디자인을 활용했습니다. 애플은 혁신적인 제품을 팔기 위해 'Think Different'라는 이념이자 가치를 브랜드에 이식하여 성공을 거두었습니다. 제품의 판매가 목적이고 기술, 디자인 그리고 브랜드는 수단입니다. 조지루시와 삼성과 애플은 팔아야 할 제품이 있었습니다.

모베러웍스는 어떨까요? 애초에 무얼 팔아야겠다 보다는 이념(가치)을 먼저 세우고 이념에 부합하는 것은 가리지 않고 비즈니스로 바꿔냅니다. 브랜드라는 '수단'을 '목적'으로 바꾼 것입니다. 과거 뒤샹이 그랬던 것처럼, 브랜드 이념을 표현하기 위해 옷, 유튜브, 전시 등 적절한 수단을 선택할 뿐입니다. 모베러웍스에게 있어 비즈니스의 목적은 '브랜드 이념의 확산'이고 수단은 제품, 유튜브, 전시라고 할 수 있습니다.

	제품 기반 기업	브랜드 기반 기업
목적	제품의 판매, 수익창출	브랜드 이념 확산
수단	기술, 디자인, 브랜드	제품, 유튜브, 전시

고객은 기업의 제품을 언제 살까요? (통상적으로는)필요할 때 삽니다. 밥솥은 밥을 편리하게 해먹을 필요가 있어서 사고 핸드폰은 세상과 연결될 필요가 있어서 삽니다. 명품도 과시할 필요가 있기 때문에 삽니다. '필요 Needs'는 고객과 기업을 연결해 온 강력한 고리입니다. 하지만 필요가 대부분 충족된 시대에 나타난 모베러웍스와 같은 브랜드 기반 기업과 고객은 '공감'으로 연결되어 있습니다. 이 때의 고객은 필요해야 구매하는 것이 아니라 공감해야 구매하는 것이죠.

모베러웍스는 브랜드를 전달하는 방식부터 이전의 브랜드들과 달랐습니다. 대개 고객은 완성된 모습의 브랜드를 만납니다. 모베러웍스는 대략적인 방향만 가진 채로 브랜드를 만들어 나가는 과정, 그러니까 미완성 브랜드로 고객과 만났습니다. 완성이 되지 않았다는 것은 바꿀 여지가 있다는 의미이기도 합니다. 그 여지를 고객에게 열어주는 거죠. 고객의 참여입니다. 함께 만들어 간 브랜드에 애정이 더해지는 것은 당연한 일 아닐까요. 그들은 공감하는 팬에게 '모쨍이'라는 이름도 붙여줍니다. 물론 함께 고민하여 투표로 정한 이름입니다. 그리고 가장 중요한 것은 모베러웍스라는 브랜드가 모쨍이의 목소리를 대변하는 '메신저'를 자처한 거죠. 모베러웍스는 일하는 사람들의 억눌린 감정을 포착하여 위트 있게 표현합니다. 이런 메시지들입니다. 'As soon as possible'의 soon을 slow로 슬쩍 바꿔 'As slow as possible'로 바꾸거나 노 어젠다 No Agenda, 스몰 워크 빅머니 Small work Big money 등 주로 일터에서 쓰이는 언어들입니다. 내가 직접 쓰면 눈치 보일 말들을 힙한 디자인의 티셔츠, 포스터, 스티커, 슬리퍼에 인쇄하여 대신 말해주니 고객은 공감을 넘어 쾌감을 느끼게 되죠. 모베러웍스는 일하는 현대인들이 갈망하는 자유와 불가피한 구속 그 사이 어딘가 애매하게 존재하는 정서를 위트있게 풀어냄으로써 고객의 공감을 얻고 있습니다.

시대	기술	디자인	브랜드
경쟁 우위 요소	성능	형태적 아름다움	이념/가치

기술은 편리해서 사고 디자인은 예뻐서 사고 가치는 공감해서 삽니다. 기술에서 브랜드 시대로 이동할수록 기업이나 제품의 우열이 사라집니다. 기업은 디자인으로 우열을 만들어보려 했지만 앞서 설명했다시피 본질적으로 취향의 영역이다 보니 지속적 우위를 가져오지 못했습니다. 시장의 관점에서, 브

랜드 시대는 우열이 아닌 '다양성의 시대'를 의미합니다. 우위를 가져야 팔리는 기업의 입장에서는 참 난감합니다. 따라서 오늘날 기업은 비즈니스의 본질과 고객을 어떻게 정의하는가에 따라 확장성과 지속성을 만들어낼 수 있습니다. 과거에는 "무슨 사업하세요?"라고 물으면 판매하는 제품에 따라 식품업, 호텔업, 금융업 등의 기능적 분류 또는 정의 정도면 대답이 충분했습니다. 하지만 오늘날 에어비앤비를 두고 무슨 사업인지 묻지 않습니다. 에어비앤비는 그 자체로 고유명사가 되었기 때문입니다. 에어비앤비가 창업한 초창기에 창업자에게 무슨 사업을 하시나요?라고 물었다면 숙박업이라고만 하기엔 아쉽고 여행업이라고 하기에도 어딘가 설명이 부족했을 것입니다. 기존의 비즈니스가 해결하지 못했던 영역이니 업의 새로운 정의가 필요합니다. 에어비앤비의 미션은 '어디에서든지 당신이 진짜 집같이 소속감을 느낄 수 있는 세상을 만드는 것'입니다. 둥근 세모 안으로 동그라미가 그려진 로고의 의미이기도 한 '소속감'은 에어비앤비라는 브랜드가 만들어내려는 핵심가치입니다. 따라서 브랜드의 시대에는 단순히 무엇을 파는가가 아니라 어떤 가치를 만들어 내기 위해 무엇을 파는가?라고 묻는 것이 더 정확하겠습니다.

요약

1. 브랜드의 시대는 물질이 아니라 이념/가치가 팔립니다.

2. 기술의 시대는 우열, 브랜드의 시대는 다양성이 증가합니다.

3. 고객의 유의미한 정서를 포착하고 정의해 내는 것이 브랜드 비즈니스의 핵심입니다.

2. 브랜드가치 커뮤니케이션하기

　　사업 전체를 통틀어 이름 짓는 게 제일 쉽고 설레는 과정입니다. 네이밍은 무언가가 시작되는 느낌과 완성된 느낌을 동시에 갖게 합니다. 회사, 브랜드, 제품, 심지어 회사에서 사용할 부케의 이름도 새롭게 만듭니다. 이름을 짓고 나면 바로 로고, 명함, 간판 등에 이름을 새기는 작업에 착수합니다. 그래서인지 아직 많은 사람들이 브랜딩을 로고 디자인에 한정해서 생각하기도 합니다. 단순히 생각하면 브랜딩은 내가 제공하고자 하는 '가치'를 '이름'에 저장해 나가는 모든 활동입니다. 사실 꽤 그럴싸한 이름을 짓고자 노력하지만 브랜드명은 회사가 유명해지면 덩달아 멋있어 보이게 마련입니다. 오늘날 연간 거래액 4

조의 무신사는 '무진장 신발 사진 많은 곳'이라는 이름으로 시작했습니다. 막 지은 느낌을 지울 수 없지만 신발 사진이 얼마나 많길래 이름을 저렇게 지었을까 하는 생각이 드는 걸 보면 어떤 가치를 제공하고자 했는지 하나는 명백합니다.

〈백종원의 골목식당〉의 첫 화에서 백종원 대표가 이런 말을 합니다. "간판은 두 번 바꾸는 것입니다." 브랜딩을 설명한 가장 쉽고 설득력 있는 한 문장이 아닐까 합니다. 사업의 성장에 따라 브랜드가치를 중심으로 고객과 어떻게 커뮤니케이션해 나가야 하는지를 생각해 볼 수 있는 중요한 통찰입니다. 브랜드의 초기, 이름보다는 전달하고자 하는 '가치'가 무엇인지 알리는 것이 더 중요합니다. 왜 그런 것인지, 백종원 대표가 예시로 든, 짜장면 잘하는 집 〈춘향〉을 사례로 살펴보겠습니다.

첫 번째 간판,
〈짜장면 잘하는 집, 춘향〉

금융 앱 〈토스 Toss〉는 대한민국 국민 약 2,000만 명이 사용하는 국내 최대의 모바일 금융 서비스입니다. 전 국민의 절반 가까이 사용하고 있으니 토스를 모르는 사람은 없다고 봐도 과언이 아닙니다. 국민 앱 토스도 처음 출시되었을 때는 무엇을 제공하는 서비스인지부터 알려야 했습니다. 핀테크라는 분야조차 생소하던 시절이었으니까요. 토스의 서비스 출시 해인 2015년에는 〈간편 송금서비스, 토스〉의 문구를 반복적으로 사용했습니다. 토스가 무엇을 하는 서비스인지 직관적으로 알 수 있습니다. 문구는 필수적인 세 가지만 결합되어 군더더기 없이 명확하고 간결합니다. 백종원 대표가 간판학개론에서 첫 번째 간판으로 예시를 든 〈짜장면 잘하는 집, 춘향〉과 비교해 볼까요.

항목	토스	춘향
무엇을 하는가(서비스)	송금	짜장면
어떤 가치를 제공하는가(브랜드가치)	간편한	잘 하는(맛있는)
누가 하는가(브랜드명)	토스	춘향

토스와 춘향의 속성 및 구조가 일치합니다. 모든 조건이 동일하다는 전제 하에, 첫 번째 가게의 간판에는 〈춘향〉이라고

적혀있고, 두 번째 가게의 간판에는 〈짜장면 잘하는 집, 춘향〉 이라 적혀 있다고 가정했을 때, 손님은 두 가게 앞에서 어떤 생 각을 하게 될까요? 첫 번째 가게는 전라도 한정식 집인가 싶은 생각이 들지도 모르겠습니다. 확인이 필요하니 검색하거나 들 어가서 뭘 파는 곳인지 물어봐야 할 수도 있습니다. 두 번째 가 게는 짜장면이 먹고 싶은 고객이라면 가게로 바로 들어갈 것입 니다. 첫 번째 가게에 비해 두 번째 가게는 고객의 진입 허들을 최소 한 가지는 없앴습니다. 진입 절차가 간소해진 두 번째 가 게가 신규 고객이 찾을 확률이 더 높다고 말할 수 있습니다. 따 라서 첫 번째 간판은 우리 가게를 모르는 모든 고객을 위해, 제 공하는 서비스와 브랜드가치를 먼저 알려야 합니다.

두 번째 간판,
〈춘향, 짜장면 잘하는 집〉

이제 두 번째 간판으로 바꿔 달았습니다. 제공하는 서비스 와 브랜드가치가 슬그머니 브랜드 명 뒤로 갔습니다. 두 번째 간판을 단다는 것은 어떤 의미일까요? 우리는 처음 만나는 사람과는 대화를 나누기에 앞서 통성명을 합니다. 관계 맺기에서 이름은 두 가지 역할을 합니다. 첫째, 지정입니다. 편의성 때문입니다. 호칭이 있어야 다수의 사람들 속에서도 상대방을 지정하여 호출할 수 있습니다. '저기요'로는 원하는 대상을 빠르게 불러낼 수 없습니다. 둘째, 저장입니다. 통 성명이 이루어진 후부터는 상대방과 관계 맺는 동안 인지하는 모든 정보와 감정이 '이름'안에 저장됩니다. 처음 만나는 사람과 인사를 할 때, 상대방이 밝힌 이름이 고등학교 동창의 이름과 같다면 우리의 뇌는 빠르게 동창과의 과거 기억들을 소환합니다. 특정 이름에 기억이 저장되어 있기 때문입니다.

가게를 열고 많은 사람들이 다녀갔습니다. 짜장면을 잘하는 집이라는 소문을 듣고 오는 손님도 더러 보입니다. 단골들도 생겼을 테고요. 그러고 보니 처음 가게를 열었을 때와 다른 점이 있습니다. 고객 그룹이 다양해졌습니다. 신규 고객 그룹, 오가닉 고객 그룹 그리고 충성 고객 그룹입니다. 신규 고객 그룹은 광고로 유입된 고객입니다. 고객획득비용(Customer Acquisition Cost)이 지속적으로 발생합니다. '짜장면 잘하는 집'이라는 수식어가 여전히 필요합니다. 오가닉 고객 그룹은 광고 없이 유입된 고객입니다. 지인의 추천이나 소문을 듣고 직접 검색해서 찾아온 고객인 동시에 짜장면을 맛있게 먹었다면 충성 고객이 될 가능성이 높습니다. 이 경우에는 '춘향'이라는 상호명만 있어도 한정식 집으로 오인하는 일은 없습니다. 충성 고객 그룹은 광고 없이 유입된 고객이자 주변에 바이럴을 만드는 고객입니다. 고객획득비용은 제로에 수렴하고 고객생애가치(Customer Lifetime Value)는 높습니다. 충성 고객은 누적 방문을 통해 얻은 브랜드 경험 정보들을 '춘향'이라는 이름에 저장합니다. 주변에 적극적으로 가게를 홍보하는 '움직이는 간판'이기도 합니다. 이들에겐 간판이 필요하지 않습니다. 로열티를 높이는 관리가 필요할 뿐입니다. 따라서 두 번째 간판은 각 고객군에 맞는 커뮤니케이션 해야 함을 의미합니다. 신규 고객을 유치하는 홍보를 지속함과 동시에 자주 방문하는 손님을 위한 쿠폰제도를 도입하거나 단골손님에게 사장님의 재량으로 군만두를 서비스로 제공할 수도 있습니다. 두 번째 간판에서 브랜드 명이 앞으로 왔으니 이제 서비스 설명을 떼어낼 일만 남았네요. 브랜드 명만 남는다고 하니 뭔가 허전하고 그래도 되나 싶기도 합니다. 더하는 것보다 덜어 내는 것이 늘 어려운 법입니다.

세 번째 간판,
〈춘향〉

이쯤 되면 단골이나 동네 분들은 '춘향'이라는 이름을 들으면 춘향전보다 짜장면이 먼저 떠오를지도 모르겠습니다. 짜장면으로 유명해진 춘향을 방문하기 위해 손님들이 줄을 섭니다. 일대가 시끌벅적해질 정도가 되면 필시 인근에는 〈짜장면 더 잘하는 집, 가향〉이 생겨납니다. 곧 짜장면 거리도 생길 것입니다. 원조딱지가 간판에 하나 둘 새겨집니다. 이제 춘향을 모르는 사람들은 짜장면 거리를 방문해 연예인이나 유명 유튜버가 다녀간 가게에서 짜장면 한 그릇을 먹고 주변 카페에서 커피를 마십니다. 광고비를 더 많이 집행한 가게가 이기는 치킨, 아니 짜장면 게임이 시작됩니다. 세 번째 간판은 고객 로열티를 높이기 위해 관계 관리를 해야 함을 의미합니다. 이름과 제품 너머에 있는 무형의 가치들을 전달하고 팬/단골과의 관계를 강화하는 일에 착수해야 합니다.

사장님과 친해진 단골 고객은 춘향의 사장님과 안부를 나눕니다. 사장님은 단골 고객에게 짜장면의 맛은 변함이 없는지 서비스에 불편함은 없는지 물을 수 있습니다. 얼마 지나지 않아 다시 방문했더니 단골 고객이 냈던 의견이 개선되어 있습니다. 시간이 지날수록 단골 고객의 혜택도 늘어 갑니다. 몇 년이 지나니 확장도 하고 분점도 낸다는 소식이 들려옵니다. 단골 고객은 제 일처럼 기뻐하고 축하해 줍니다. 짜장면 거리가 생겨도, 신규 가게가 홍보를 아무리 많이 해도 춘향의 팬을 데려가기는 쉽지 않을 것입니다. 수많은 앱둥이를 만들어내는 '애플'처럼 말이죠. 오랜 아이폰 유저가 갤럭시로 갈아타기 위해서는 가격, 기능, 디자인의 매력 외에 한 가지 허들이 더 있습니다. '애플을 배신할 수 없어.'라는 생각을 뛰어넘어야 가능한 일입니다.

이름을 지정하고 고객에게 알리는 순간부터 브랜드의 모든 활동은 이름에 저장됩니다. 신규 고객이 많이 찾아오고 충성 고객도 늘어나면서 〈짜장면 잘하는 집, 춘향〉이 〈중국요리 잘하는 집, 춘향〉으로 서비스를 확장할 수도 있습니다. 송금이 쉬웠던 토스가 '금융의 모든 것'이 된 것처럼요. 팬들이 커피를 원한다면 '커피 잘하는 집'이라는 카페를 론칭하여 비즈니스를 확장할 수도 있습니다. 백종원의 〈홍콩반점〉 옆에 〈빽다방〉이 생긴 것처럼요.

1. 첫 번째 간판, 브랜드가치 알리기: 신규 고객을 위해 이름보다 브랜드가치를 먼저 알려야 합니다.

2. 두 번째 간판, 고객 관리 : 다양한 고객군을 위한 맞춤형 커뮤니케이션을 해야 합니다.

3. 세 번째 간판, 관계 강화 : 충성 고객과의 관계를 강화해 나가야 합니다.

3. 브랜드가치 수정하기

브랜드가 제공하는 가치를 점검하는 아주 간단한 질문이 하나 있습니다. "우리의 서비스를 경험한 고객이 친구에게 추천할 때, '한 마디'로 뭐라고 말하고 있는가?"입니다. 회사의 구성원이 한 대답과 고객이 하고 있는 대답이 다르다면 브랜드가 산으로 가고 있을 확률이 높습니다. 브랜드가치는 고객이 친구에게 툭 던질 수 있을 만큼 간결하고 쉬워야 하며 내가 주고 싶은 것이 아니라 고객이 원하는 것이어야 합니다.

브랜드가치는 '정'하는 것보다 '수정'해나가는 것이 중요합니다. 처음부터 턱 하니 정답 같은 결론을 내리기보다는 나도, 회사도, 시장도, 그에 따라 제품도 나아져가는 과정에 따라 점차 다듬어 나간다고 생각하고 접근하는 것이 낫습니다. 따라서 누군가의 시행착오를 통해 객관적이고 비판적인 시선으로 우리의 브랜드를 바라보는 것이 필요합니다.

안 갈 이유와
갈 이유

안전하지 않은 숙소를 가고 싶은 사람은 없습니다. 그리고 안전한 숙소를 가고 싶은 사람도 없습니다. 써 놓으면 당연해 보이는데 이 두 문장을 나란히 놓는 일이 그렇게 오래 걸렸습니다. 2018년 제가 공동 창업한 〈베드라디오〉의 이야기입니다.

마땅히 안전해야 할 숙소가 위험해진 배경은 이렇습니다. 2010년 제주에 올레길이 개장한 이후, 제주 내륙 곳곳에 숨어 있던 정취를 즐길 수 있는 게스트하우스(이하 '게하'라고 함)가 하나둘 문을 열었습니다. 비슷한 시기에 30~40대 젊은 이주 인구가 급증하였고 게하가 이들의 생계 수단으로 각광받으며 게하 시장은 폭발적으로 커져 갔습니다. 1박에 3만 원 이상은 받던 숙박료가 가격 경쟁에 내몰려 9,900원까지 내려갑니다. 저렴한 숙소라 해도 엄연히 접객이 중요한 숙박업입니다. 하지만 가격 경쟁을 해야 하는 사장님들은 인건비를 줄이기 위해 숙식을 제공하는 대가로 무급으로 기간제 대학생 스텝을 고용하는 암묵적 풍토가 조성됩니다. 커리어 성장보다는 여행이 하고 싶은 대학생 스텝에게 접객의 전문성을 기대하는 것은 어렵습니다. 숙박업의 가장 기본인 객실 청결과 고객 응대에서 고객의 불편/불만 사례가 증가하기 시작합니다. 울며 겨자 먹기로 인건비를 줄여도 하루에 팔 수 있는 객실 수가 정해져 있는 이상 매출은 그대로일 수밖에 없습니다. 숙박 매출만으로는 숙소 운영이 어렵다 보니 불법적인 '파티'를 운영하며 숙박비 외 추가 비용을 받기 시작합니다. 제주 여행객 증가세가 멈출 줄 모르는 시장을 볼모로 위태로운 게스트하우스 시장이 팽창하다가 결국 뇌관이 터집니다. 그것도 가장 극단적인 형태로 말이죠.

2018년 2월 제주의 한 게하에서 살인 사건이 발생합니다. 스텝이 투숙객들과 함께 파티에서 술을 마시다가 다툼 끝에 스텝이 투숙객을 살해한 것입니다. 이 일을 계기로 제주의 게하 예약률이 바닥을 칩니다.

안전하지 않은 숙소를 가고 싶은 사람은 없습니다. 9,900원을 내는 숙소도, 99만 원을 내는 숙소도 경미한 사건/사고조

차 일어나지 않아야 합니다. 불편한 숙소를 가고 싶은 사람도 없습니다. 다만 9,900원을 내는 숙소와 99만 원을 내는 숙소는 불편함의 허용 한계는 차이가 있습니다. 예를 들면, 도미토리에서 코를 고는 룸메이트를 만나 잠을 설치면 '오늘 재수가 없군'하고 말지 프론트에 가서 환불을 요구하지는 않습니다(이것이 상식이 아닌 사람도 간혹 있어서 당혹스럽습니다.)

당시 제주의 게하 시장은, 쉽게 말하자면 안전이 100에서 0으로, 불편함의 허용 한계가 50에서 25로 떨어진 상태였습니다. 시장의 문제를 해결하는 것이 스타트업이라고 하지 않던가요. 2018년 5월, 안전하고 편안한 호스텔 〈베드라디오〉를 창업했습니다. 게하 시장에서 고객이 위험과 불편을 느끼고 있기 때문에 이것을 해결하는 비즈니스 모델을 생각한 것입니다.

게스트하우스는 올레길이 탄생한 후 제주 할망이 올레길 여행자를 위해 내어 주던 방 한 칸에서 시작되었습니다. 그래서 이름도 게스트하우스가 된 것이죠. 산티아고 순례길의 제주 버전인 셈인데요. 내일 또 먼 길을 나서기 위해 잠시 눈을 붙이는 곳이라는 점에서 보면 게하의 원형은 유럽의 호스텔에 가깝습니다. 그래서 창업 당시 베드라디오는 인식이 좋지 않은 게

〈베드라디오〉 첫 번째 사업계획서 표지
출처 : 이광석

스트하우스라는 이름을 쓰는 대신 호스텔이라 부르기로 합니다. 말하자면 신분 세탁을 한 것이죠.

사람들이 호스텔을 가는 이유 중 첫 번째는 저렴한 가격입니다. 주머니 사정은 좋지 않고 잠만 자면 되기 때문에 좀 불편해도 저렴한 곳을 찾습니다. 그렇게 삼삼오오 인생 스토리가 흥미로운 여행자들이 모이니 자연스럽게 이야기꽃이 핍니다. 맥주 한 잔 하며 여행 팁을 공유하기도 하고 마음이 맞으면 동행을 제안하기도 합니다. 호텔에서는 볼 수 없는 교류가 호스텔에서는 가능해집니다. 저렴하게 잠도 해결하고 전 세계 여행자들과 교류도 할 수 있는 이 두 가지가 호스텔이 주는 베네핏인 것입니다.

창업 당시 게하는 제주에서만 3,664개로 단연 전국에서 가장 많았고 글로벌 호스텔 시장도 6조4,000억 원(2020년 기준)으로 매년 7% 정도 성장하는, 소위 말해 비즈니스가 되는 시장이었습니다. 이 시장에서는 저렴한 비용으로 숙소를 제공하는 것도 중요하지만 여행자들을 어떤 공간에서 어떤 콘텐츠로 밍글링(Mingling) 하도록 할 것인가가 호스텔의 차별화 요소이자 경쟁력입니다. 게하는 불법적이지만 '흑돼지 파티'가 그 역할을 했고 유럽의 호스텔은 Pub이나 Bar와 같은 합법적인 커뮤니티 공간이 여행자의 교류를 가능하게 했습니다.

"이곳은 매우 안전하니 걱정 말고 가셔도 됩니다."라는 후기를 남기는 고객은 없습니다. 사람들이 제주 여행을 갈 때, 지인에게 "안전한 숙소 좀 추천해 줘!"라고도 하지 않습니다. 안전은 게하를 가지 않을 이유이지 갈 이유가 될 수는 없습니다. 우리는 안전하고 편안한 호스텔이 되고자 했지만 고객에게 그건 당연한 것입니다. 결국 안 갈 이유가 생겨 사업을 시작했지만 갈 이유를 만들어줘야 했고, 오랜 회의 끝에 공동창업자와 저는 여행자 간의 '교류'에 더 집중하기로 결정합니다.

브랜드가치는 제한된 자원(인력, 시간)을 어디에 선택적으로 집중해서 쓸지 결정해 나가는 데 중요한 기준이 됩니다. 편안하고 안전한 호스텔이라면 프라이버시가 보장되는 도미토리 침대를 설계하고 호스피탈리티 경력을 가진 사람을 채용하거나 단기 스텝을 고용하더라도 검증 절차를 강화하여 서비스의 질을 높일 수 있습니다. 교류가 브랜드의 핵심가치라면 여행객의 교류를 돕는 커뮤니티 공간과 소셜 프로그램에 투자를 합니다. 안전, 편의, 교류를 모두 다 잡으면 좋겠지만 총알이 많지 않은 초기 스타트업이라면 브랜드가치는 하면 좋은 말, 듣기 좋은 말을 나열하는 것보다 돈을 쓸 핵심만 정하는 것이 좋습니다. 부가 가치는 고객의 선택을 받은 뒤 차차 고민해 나가면 됩니다. 날카로워진 브랜드가치를 하나 두고 그 방향으로 향하는 수 백, 수 천 개의 의사결정을 쌓아 나가면 고객의 입에서 입으로 전달되며 자연스럽게 브랜드의 결이 만들어집니다. 베드라디오는 숙박업소이지만 1층 Pub을 거주민이 찾아올 수 있도록 물리적/심리적 문턱을 없애고 다양한 언어와 문화권에서 일한 인력으로 팀을 구성했습니다. 덕분에 국내 여행자뿐 아니라 외국인 여행자와 지역 거주민이 찾는 공간이 되었고 이들이 자연스럽게 어울려 술을 마시고 춤을 추는 모습이 자주 연출되다 보니 고객에게 '볼보 같은 안전한 호스텔'이라고 불린 적은 없지만 '제테원(제주의 이태원)'이라는 별칭은 얻을 수 있었습니다.

고객의 언어
사용하기

　　제주에 살면 육지의 친구들에게 제주 맛집을 추천해 달라

〈베드라디오〉 1호점 전경
출처 : 이광석

는 요청을 자주 받습니다. 네이버나 인스타그램의 생면부지 인플루언서보다는 아는 사람이 추천해 주는 것이 좀 더 신뢰가 가서 그럴 것입니다.

맛집 추천 요청이 압도적으로 높지만 겨울이 되면 간혹 '귤 농장'을 소개해달라는 부탁도 받습니다. 제주에서는 '귤을 사서 먹는 사람은 친구가 없다는 것'이 정설로 받아들여집니다. (이 주민이라 할지라도) 귤 농사를 짓는 친구 한 둘 정도는 알고 지내는 경우가 많습니다. 그건 그렇고 소개를 바라는 이유를 생각해 보건대, 과거에는 중간 유통 과정을 없앤 농장 직거래가 동네 과일 가게보다 저렴했으니 그렇다 치지만 지금은 대량으로 유통하는 대형 마트나 자체 배송 인프라를 갖춘 온라인 플랫폼이 있어서 가격 차이는 거의 없거나 크지 않을 것입니다. 맛집 추천 요청과 같이 이것 또한 아는 사람에 대한 신뢰가 품질의 신뢰로 이어지면서 나타나는 구매 패턴으로 보입니다.

같은 맥락의 좀 더 극단적 사례로, 제주 공항에는 아직도 귤을 박스 단위로 구매해서 비행기를 타는 여행객을 볼 수 있습니다. 산지에서 직접 산 귤이 더 귀하고 맛있을 것이란 믿음이 이동의 번거로움을 이긴 것입니다. 고객에게 과일은 편의성보다는 맛이 우위에 있는 재화임을 알 수 있습니다. 귤과 같이 오랜 경험적 속성이 강하게 자리하고 있어서 다른 가치가 우위를 점할 수 없는 재화가 있습니다.

제주에서 귤을 재배하고 판매하는 회사의 컨설팅을 한 적이 있습니다. 편의상 〈귤그래〉라고 부르기로 하겠습니다. 귤그래의 가장 최근 사업계획서에는 회사가 해결하고자 하는 문제가 대량 유통 과일의 품질 한계라고 되어 있었습니다.

문제정의 1 : 대량 유통 과일의 품질 한계

과일은 수확/선별/보관등 유통의 길고 복잡한 과정을 거치면서 부득이 품질이 저하되는데 농가와 고객을 직접 연결하여 유통 과정을 축소함으로써 이 문제를 해결하고자 창업을 한 것입니다. 해결하고자 하는 문제 정의에는 제공하는 가치도 포함되어 있습니다. 따라서 문제를 올바르게 정의해야 브랜드가 제공하고자 하는 가치가 고객을 설득할 수 있습니다. 그래서 문제정의를 하는 것도 브랜드가치를 정하는 것도 고객의 입으로 말하고 눈으로 바라볼 필요가 있습니다.

문제를 '품질 저하'라고 정의하면 자연스럽게 품질을 높이는 수단을 찾게 됩니다. 재배 방식, 복잡한 유통과정, 품질 관리 체계, 선도 유지 방법 등 품질을 높이는 수단은 대개 공급자만 아는 것들입니다. 고객은 생산/유통 과정이야 어찌 됐든 결론적으로 맛있으면 됩니다. 품질이 저하된 과일이 문제가 아니라 맛없는 과일이 더 고객에 가까운 정의입니다. 따라서 귤그래가 제공하는 가치는 '맛있는' 귤이 되어야 합니다.

문제정의 1 : 대량 유통 과일의 품질 한계
문제정의 2 : 대량 유통되는 과일은 맛이 없다

이렇게 단어를 조금 바꾼 후 다시 살펴보겠습니다. 대량 유통되는 과일은 맛이 없으니 맛있는 귤을 제공하자는 것은 논리적으로는 말이 되지만 '맛있다'는 가치는 개인마다 기준도 다를 뿐더러 맛있음을 증명하기 어렵습니다. 이는 귤그래만의 문제가 아니라 시장의 모든 플레이어가 가진 공통적 한계이다 보니 맛있음을 증명하기 위해 브릭스(brix)를 내세웁니다. 공급자들이 '맛있는' 과일을 '당도 높은' 과일로 바꿔 정의한 것입니다.

맛은 주관적이지만 당도는 측정 가능하여 객관적 사실이 되기 때문에 맛있는 과일의 지표로 삼을 수 있습니다. 물론 고객이 동의해야 할 일이지만, 이 경우 탕후루가 대한민국을 설탕으로 코팅하는 모습을 보면 무엇이든 '달아지는 것'에는 굳이 고객의 동의를 구할 필요가 없어 보입니다. 직접 눈으로 보고 만지고 맛보고 살 수 없는 온라인 환경에서 브릭스는 맛있는 과일임을 증명하는 수단처럼 보이지만 고객의 현실과 동떨어져 있습니다. 우리가 귤을 먹으면서 "와, 이거 한 13 브릭스는 되겠는데? 진짜 맛있군"이라고 하지 않기 때문입니다. 고객은 맛있는 당도의 범위와 용어를 학습해야 하다 보니 브릭스라는 당도 측정 단위를 직관적으로 받아들이는 것이 어렵습니다. 브릭스는 철저히 공급자가 필요해서 만든 수단이고 소위 말해 업자의 언어입니다. 맛있다는 걸 어떻게 증명할 수 있을까요?

"대표님, 〈제주에서 가장 맛있는, 최고 횟집〉과 〈서귀포 앞바다 당일바리, 오늘 횟집〉이 있습니다. 어디에 더 가고 싶으세요?"

"오늘 횟집이 더 가고 싶은데요?"

"왜 그런가요?"

"음.. 오늘 잡은 회가 더 신선할 것 같아서요…"

"그러면 신선한 횟집이 맛있는 횟집이네요?"

생선을 이야기할 때, 선도를 측정하는 단위(있는지는 모르겠습니다만)가 아니라 오늘 잡은 광어, 앞바다에서 잡힌 우럭, 낚시로 잡은 돔을 우리는 맛있을 것이라 기대합니다. 바로 '신선함'입니다. 제주도민에게 농장을 추천받아 귤을 사고, 제주 여행을 와서 무겁더라도 귤을 박스째 사가는 사람들의 구매 패턴에 깔려있는 사람들의 심리는 '신선할 것이라는 믿음'입니다. 그렇다면 이제 맛이 아니라 신선함을 증명해 보기로 합니다. 귤을 떠올리면, 손이 노래지도록 먹은 귤, 따뜻한 아랫목에서 먹은 귤, 아버지가 퇴근길에 사 온 까만 봉투에 든 귤과 같은 대개 감성적인 기억입니다. 그리고 이 모든 일은 겨울에 일어났습니다. 과일을 기억할 때는 항상 계절이 담겨 있습니다. 제철 과일이 신선하다는 것은 사실에 아주 가깝고, 신선한 과일이 맛있을 것이라는 것은 우리의/고객의 오랜 믿음입니다.

귤그래의 브랜드가치가 신선함으로 바뀌면서 덩달아 고객의 입장에서 느끼는 Pain Point의 발견으로 이어집니다. 어릴적 우리가 제철과일을 먹을 수 있었던 것은 부모님 덕분입니다. 봄에는 딸기, 여름에는 수박, 가을에는 사과, 겨울에는 귤, 철마다 신선한 과일을 냉장고에 넣어 두셨으니 말입니다. 연중 수입되는 열대 과일이 즐비하고 셋 중 하나가 1인 가구인 오늘날, 혼자 사는 아들과 딸들은 국내산 제철 과일을 제때 챙겨 먹기가 쉽지 않습니다. 따라서 "1인 가구는 제철 과일을 제 때 챙겨 먹기 어렵다."로 문제를 새롭게 정의합니다.

문제정의 1 : 대량 유통 과일의 품질 한계

문제정의 2 : 대량 유통되는 과일은 맛이 없다

문제정의 3 : 1인 가구는 제철과일을 제 때 챙겨 먹기 어렵다

문제 정의 1에서 3의 변화를 보면 좀 더 구체적이고 공감 가는 문장으로 바뀌었음을 알 수 있습니다. 그리고 무엇보다 이전에는 없던 타겟까지 추가되었으니 이제 그에 맞춰 솔루션을 설계해 나가면 되는데요. 예를 들면 제 때 챙겨줘야 하니 편하게 1년치 구독을 하면 철마다 배송해주는 것을 고려해 볼 수 있습니다. 문제 정의를 고객의 언어로 보다 구체적으로 하고 나면 브랜드가치와 그 가치를 전달할 방법(솔루션)이 더욱 선명해집니다.

	공급자 중심 정의	고객 중심 정의
문제	대량 유통 과일은 맛이 없다	1인 가구는 제철과일을 제 때 챙겨 먹기 어렵다
가설	맛있는 과일은 달다	맛있는 과일은 신선하다
브랜드가치	당도(Brix)	신선함
솔루션	고당도 과일 배송 서비스	제철 과일 구독 서비스

쉽게
바꾸기

사과로 유명한 충주에서 사이더를 만드는 양조장이 있습니다. 사이더란 사과즙을 발효시켜 만든 술로 사과의 달콤함과 탄산의 청량감, 높지 않은 알코올 도수의 술로 가벼운 술자리, 이를테면 홈파티에서 마시기 좋은 술입니다. 미국에서는 2010년 이후 전역에서 크래프트 사이더 붐이 일면서 시장이 커졌고 지금은 대중들이 즐기는 술의 하나로 자리 잡았습니다.

미국의 사이더 문화를 한국으로 이식하고자 충주에 터를 잡고 사이더를 만드는 회사의 이름은 〈댄싱사이더 Dancing Cider〉입니다. 앞서 설명한 사이더를 마시는 순간을 떠올리면 댄싱과 사이더가 꽤 잘 어울리는 이름인 것 같습니다만 여기에는 브랜드 커뮤니케이션을 가로막는 큰 허들이 하나 있습니다. 고객이 사이더를 모른다는 것입니다. 〈댄싱비어 Dancing Beer(가상의 브랜드)〉를 들었을 때는 어떤가요? 〈댄싱비어〉와 〈댄싱사이더〉는 회사명에 같은 '댄싱'을 사용하지만 고객이 처음 받아들이는 시점에는 다른 반응이 나타납니다. 댄싱비어는 별도의 설명이 없어도 춤추는 맥주(직역)에서 흥겨운/유쾌한 맥주 브랜드 정도의 연상을 할 가능성 큰 반면 댄싱사이더를 들었을 때 고객이 하는 반응은 '사이더가 뭐지?'입니다. 단어를 받아들일 때는 사전적 정의, 사회 보편적 정서 그리고 개인의 경험 등을 통해 만들어진 이미지가 인식/감각의 단계로 넘어오게 됩니다. 고객에게 맥주라는 단어는 적어도 수년에서 수 십 년의 경험정보가 담겨 있는 반면 사이더에는 어떤 정보도 담겨 있지 않습니다. 따라서 댄싱과 사이더가 조합된 이름을 들었을 때, 댄싱은 인식하지만 사이더는 정보가 없다 보니 고객은 '사이더가 뭐지?'로 자연스럽게 넘어가는 것입니다.

브랜드의 가치를 설명하기에도 시간과 비용이 부족한데 제품의 카테고리부터 설명해야 하니 차포 다 떼고 장기를 둬야 합니다. 호기심 많은 고객이 궁금해하고 질문하면 너무 좋겠으나 가장 우려되는 점은 〈칠성사이다〉와 같은 음료 브랜드로 오인할 가능성이 매우 크다는 것입니다. 이렇게 되면 마케팅이나 영업을 할 때, 잘못된 인식을 바로 잡거나 사이더라는 주류 카테고리를 설명하기 위해 시간과 지면을 할애하게 됩니다.

　제품을 리브랜딩 하고자 〈댄싱사이더〉 공동 창업자 두 분과 테이블에 앉아 고객과의 소통에 허들이 되는 지점을 찾아 쉽게 바꿔보기로 합니다. 소비자 관여도가 낮은 제품인 맥주, 사이더와 같은 저가 주류 제품은 개념적인 메시지보다는 맛, 음용감을 떠올릴 수 있는 직관적인 메시지가 좋습니다. 우선 '사이더'라는 주류에 대한 이해를 직관적으로 할 수 있도록 커뮤니케이션을 할 때 '스파클링 과실주'라는 표현을 통일해서 써보기로 합니다. "사이더란 사과즙을 발효시켜 만든 술로 사과의 달콤함과 적당한 탄산감 그리고 알코올도수 3~9도의 특징을 가진 술로써 홈파티에 어울려요."보다 경제적이고 직관적입니다. 낯설었던 제품을 알만한 단어의 조합으로 바꾼 다음 댄싱사이더를 마신 고객에게 어떤 '다름'이나 '특별함'을 주는 것이 좋을지 모색합니다.

제품을 통해 브랜드가 전달하고자 하는 기존의 가치는 cool, lively, defiant입니다. 태도나 이념으로 브랜드를 떠올리게 하는 것이 불가능하지는 않으나 생소한 브랜드가 저관여 제품을 통해 쿨하고, 생기 넘치고, 저항 정신이 느껴지는 술을 떠올리게 하기에는 다소 어려움이 따릅니다. 국내 시장에서 사이더는 수제 맥주와 유사한 카테고리에 묶여있습니다. 따라서 수제맥주를 마시는 사람에게 댄싱사이더는 '뭐가 다른가?'의 대답을 주는 것이 필요합니다. 당시 댄싱사이더는 사과뿐 아니라 배, 유자, 딸기 등을 블랜드 한 다양한 과실주를 선보이고 있었습니다. 사과로 만든 술, 다양한 과일을 블랜드 한 제품군을 가진 댄싱사이더는 '과일'로 만든 술이라는 이미지가 이미 만들어져 있거나 만들어가기 좋습니다.

	As is	To be
브랜드가치	Cool, lively, defiant	과일

이전에 제품을 통해 전달하고자 했던 Cool, lively, defiant는 해석의 여지가 많고 표현의 방법도 광범위한 반면 '과일'로 만든 술로 보이는 방법은 비교적 심플합니다. 가장 가볍게는

라벨에 과일을 직접적으로 그려 넣거나 과일의 컬러를 활용하여 라벨의 변화를 시도해볼 수 있습니다. 또는 신규 제품부터는 제품명에 아예 과일 이름을 넣거나 하나의 라인업을 과일 시리즈로 브랜딩 하는 전략도 모색해 볼 수 있습니다. 물론 이러한 전략적 변화는 회사와 시장의 상황을 고려해서 진행하겠으나 적어도 브랜딩과 디자인에 있어서는 의사결정이 심플해진다는 장점이 있습니다. 옳고 그름의 문제는 아닙니다. 제품, 시장, 비즈니스 특성과 시기마다 맞닥뜨리는 문제 상황에 따라 대처해 나가는 것이 중요합니다.

〈베드라디오〉를 창업했을 때, 브랜드의 가치와 미션을 정하기 위해 수많은 해외 유명 스타트업의 홈페이지를 들락날락하며 참고했고 마침내 적어낸 브랜드 슬로건이 'Explore Different'였습니다.

꽤 먼 미래에 시야를 두고 사업을 했던 기억이 납니다. 현실에서는, 호스텔에 온 고객은 다름을 발견하는 것보다 점심에 갈 맛집을 발견하길 원하고 객실에서 바다 뷰를 보길 원합니다. 고객이 이해하기 쉬워서 설명 없이도 직관적으로 받아들일 수 있는 가치를 제공해야 합니다. 좀 더 고차원의 가치를 제공해야할 때가 오면 그때 수정하면 됩니다. 일단은 제품을 팔아야 고객에게 가치를 전달할 수 있습니다.

요 약

1. 구매/선택을 안 할 이유는 구매/선택을 할 이유가 될 수 없습니다.

2. 브랜드가치는 하면 좋은 말, 듣기 좋은 말을 나열하는 것이 아니라 돈을 쓸 핵심만 정하는 것이 좋습니다.

3. 공급자들끼리 쓰는 표현은 지양해야 합니다. 고객의 언어로 가치를 이야기해야 합니다.

4. 브랜드가치는 증명할 수 있어야 합니다.

5. (브랜드의 특성에 따라 다릅니다만 저관여 제품인 주류와 유사한 제품이라면) 태도나 이념보다는 고객이 제품을 통해 쉽게 이해하고 받아들일만한 가치를 제공하는 것이 낫습니다.

2장

진단 편

—

1. 커뮤니케이션

브랜딩, 도구로 오해하고 있지는 않나요?

진단에 앞서, 오해를 좀 풀고 갈 필요가 있습니다. 어떤 회사를 보고 브랜딩을 잘한다라고 할 때, 정확히 무엇을 잘하는 것일까요? 만약 BI(Brand Identity)와 같은 시각적 이미지를 생각하셨다면 정확히는 디자인을 잘한 것입니다. 디자인이나 마케팅이 과정에 사용되는 '도구'인 것과 달리 브랜딩은 모든 도구를 통해 달성해 낸 '결과'입니다. 브랜딩을 바라보는 관점을 바꾸면 무엇을 해야 하는지 더욱 명료해질 수 있습니다. 도구는 배울 수 있고 습득할 수 있지만 결과는 내가 만들어야 합니다.

따라서 브랜딩이 결과라고 생각하면 결국은 시장의 답보다는 질문을 통해 하나씩 나만의 방법을 만들어가는 것이라는 마음가짐으로 시작할 수 있습니다.

가정용 커피 머신은 '집에서도 편리하게 원두커피를 마실 순 없을까?'라는 누군가의 질문에서 비롯된 답입니다. 누군가 내려놓은 답을 소비하는 것은 효율적이고 편리합니다. 하지만 질문에서 답으로 향하는 여정에는 답을 소비할 때 얻는 '편리함'보다 훨씬 더 많은 효익이 있습니다. 기계의 작동 원리와 같은 기술적인 지식에서부터 커피 문화에 대한 이해 같은 것들입니다. 커피를 더 사랑하게 될지도 모릅니다. 나에 대해 더 잘 알게 될 것도 분명합니다. 커피머신이라는 답을 선택한 사람은 커피를 마실 뿐이지만 질문/답의 여정을 경험한 사람은 카페를 열 수도 있고 가정용 맥주머신을 개발할 수도 있습니다. 우리는 질문하고 일일이 시행착오를 거치며 찾아가는 수고로움 대신 누군가 내린 답이나 공식을 얻는 것을 선호합니다. 빠르고, 쉽기 때문입니다. 그래도 되는 시대가 있었고 여전히 그래도 되는 순간도 존재합니다만 시장의 문제가 갈수록 복잡해지고 기존에 내려놓은 답의 유효기간이 짧아지는 오늘날, 새롭고 창의적인 질문의 수요가 매우 커졌습니다. 따라서 좋은 결과(브랜드)를 얻기 위해서는 현재 나의 상황에서 가장 필요한 질문을 던지는 연습이 필요합니다. 정답보다는 오답, 오답보다는 질문을 좇는 것을 추천합니다.

Q2 굿즈, 지인들이 사주고 있지는 않나요?

창업 초기에는 창업자가 곧 브랜드입니다. 그 사람이 살면서 쌓아온 생각, 행동, 말이 곧 자연스럽게 회사의 초기 이미지를 형성하기 때문입니다. 소수의 인원이 매일같이 생각을 공유하기 때문에 모든 구성원이 회사의 방향과 철학을 대체로 일관되게 가지고 있기도 합니다. 딱히 브랜딩 활동을 의도적으로 하지 않았는데 고객이 회사의 아이덴티티를 명확하게 인지하다 보니 착시효과가 일어납니다. 브랜딩을 하고 있다는 착각입니다.

창업 초기 고객은 크게 두 부류입니다. 먼저 대표 및 구성원의 지인, 대표가 직접 발로 뛰며 만난 업계 사람들, 그리고 SNS를 통해 연결된 사람들입니다. 또 한 부류는 창업자와 직접적인 인연은 없지만 1촌 고객에게 브랜드를 소개받거나 경험해

본 고객이 있습니다. 편의상 1촌, 2촌 고객이라 부르겠습니다.

1촌 고객 : 창업자를 직접적으로 알거나 연결된 고객

2촌 고객 : 1촌 고객을 통해 알거나 연결된 고객

1, 2촌 고객은 창업자를 알고 있거나 가까운 거리에서 활동을 지켜보는 사람들이기 때문에 창업자가 투영된 브랜드에 대한 이해도가 높고 새로운 메시지도 기꺼이 들어줄 준비가 되어 있다는 것이 특징입니다. 어느 날 1촌 고객 몇몇이 "브랜드 굿즈도 만들어주세요!"라고 말합니다. 창업자는 생각하죠. '아, 고객이 우리 브랜드를 좋아하는구나.' 그래서 티셔츠를 한 100장 만듭니다만 반도 팔리지 않습니다. 로고 하나 찍힌 그저 그런 퀄리티의 티셔츠를 3~4만 원에 구매하기 위해 지갑을 열어야 할 때 고객은 지극히 이성적으로 판단하기 때문입니다.

회사가 조금씩 커지면서 제품을 만드는 팀(개발, 제조)과 이걸 판매할 팀(영업, 마케팅), 그리고 이들을 지원할 팀(인사, 총무, 회계)을 채용해 나갑니다. 회사의 구성원이 15명 내외가 되면 슬슬 조직의 문제가 수면 위로 떠오릅니다. 가장 먼저 커뮤니케이션의 오류나 누수가 곳곳에서 감지됩니다. 모두 다 같이 하던 일에서 큼직하게나마 역할이 나뉘면서 구성원들은 이전처럼 회사의 모든 정보를 실시간으로 업데이트받지 못합니다. 창업자도 인력, 자금 등 회사 전반의 관리 업무에 더욱 신경을 써야 하다 보니 일종의 영업/마케팅 활동이었던 SNS나 대외 활동이 줄어듭니다. 창업자와 일면식도 없는 고객은 늘어나는데 회사에서 발신하는 브랜드 메시지는 점차 줄어들고 반대로 홍보성 메시지는 증가합니다. 세일즈, 마케팅 담당자는 단기적으로 제품을 판매하는 데에 집중하다 보니 메시지와 전술 활동의 일관성이 떨어집니다. 결국 시장에 던진 메시지는 많은데 정작 고객은 브랜드의 메시지, What to say가 뭔지 모릅니다.

영국 옥스퍼드대의 문화인류학자 로빈 던바 교수는 호모사피엔스가 가진 뇌 용량의 한계로 인해 사회적 관계를 맺을 수 있는 사람의 수는 150명이 최대치라고 주장합니다. 이를 '던바의 수'라고 부릅니다. 당장 연락해서 나오라고 해도 만날 수 있는 절친은 5명, 가끔 주말에 만날 수 있는 친구는 15명, 명절에 연락해 안부를 묻는 것이 어색하지 않은 관계는 50명, 술집에서 우연히 마주쳤을 때 동석해도 당황하지 않을 정도로 친분이 유지될 정도의 관계는 150명입니다.

여기에 빗대어 가정해 보면, 창업 초기에 신용으로 기꺼이 돈을 빌려줄 수 있는 친구는 5명, 비판적 의견도 내줄 수 있는 친구는 15명, 우호적 태도로 바이럴을 만들어주며 가끔 굿즈도 사주는 든든한 아군이 50명(티셔츠가 50장 팔렸다면 던바의 수는 과학입니다). 여기에 초기 이용자로서 베타테스터가 되어주고 대표의 마인드셋이 좋아서 브랜드를 응원하는 사람은 총 150명입니다.

던바의 수

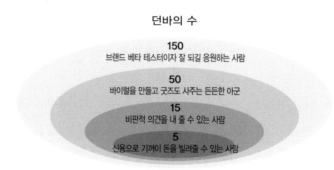

150
브랜드 베타 테스터이자 잘 되길 응원하는 사람
50
바이럴을 만들고 굿즈도 사주는 든든한 아군
15
비판적 의견을 내 줄 수 있는 사람
5
신용으로 기꺼이 돈을 빌려줄 수 있는 사람

이 150명은 분명 초기 MVP를 테스트하기에는 매력적인 자산입니다만 브랜딩이 잘되고 있다는 착각을 일으키는 고객이기도 합니다. 창업자의 매력이 영향을 끼치는 초기 150명은 고객이 아니라 테스터로 생각하는 것이 좋습니다. 브랜드 전략과 실행은 우리 브랜드가 있는지도 모르는 고객을 대상으로 해야 합니다.

Q3 고객이 '지금' 원하는 것이 무엇인가요?

2008년 미국 발 금융 위기가 전 세계를 덮쳤습니다. 대량 생산과 물질주의적 삶에 대한 회의감을 느낀 사람들은 '자신과 현재'에 조금 더 집중하는 삶을 살고자 합니다. 공정 무역, 비건, 유기농, 생산자−소비자 간 직거래 유통 등, 이른바 '가치 소비' 패턴이 나타납니다. 이러한 탈물질주의적 라이프스타일을 가장 잘 보여주는 도시로 미국의 포틀랜드가 주목을 받습니다. 사람들은 포틀랜드를 힙스터의 도시라고 부릅니다. 언어가 입에 착 붙으면 확산이 빨라지는 법입니다. "너는 탈물질주의적 삶을 사는구나"보다는 "쫌 힙한데?"가 더 쉽고 매력적입니다. 주류에서 벗어나 자기만의 '멋(힙)'을 만들어가는 삶에 대한 동경이 다양한 로컬 비즈니스로 나타나기 시작합니다. 한국도 예외는 아니었고 저도 예외는 아니었습니다. 앞서 1장의 〈안 갈 이유와 갈 이유〉 편에서 제가 창업했던 〈베드라디오〉의 뒷 이야기를 하려고 합니다(이불 킥할만한 흑역사이지만 제가 경험한 것과 유사한 사례가 많았기 때문에 희생을 각오합니다!).

2006년 포틀랜드에 〈ACE HOTEL〉이 문을 열었습니다. 이곳은 호텔은 숙박객만 이용하는 공간이라는 상식을 깨고 인근의 지역민이 자연스럽게 드나듭니다. 〈ACE HOTEL〉은 오래되어서 쓸모를 다한 건물을 재생하고, 관광객을 불러들이고, 더불어 지역민에게도 도시 인프라를 제공함으로써 1석 3조의 사회적 가치를 만들어 냅니다. 이러한 호텔을 일컬어 '로컬 커뮤니티 호텔'이라 부르기 시작했고 지역의 중소형 숙박업소뿐 아니라 국내 대기업도 벤치마킹할 정도로 로컬 커뮤니티 호텔은 선망의 비즈니스가 되었습니다. 이러한 배경에서 〈베드라디오〉는 여행자와 로컬(지역민)이 자유롭게 교류하는 한국의 '로컬 커뮤니티 호스텔'을 표방했습니다. 제태원이라는 별명이 말해 주듯, 〈베드라디오〉는 한국의 〈ACE HOTEL〉을 꿈꿨고 나아가 포틀랜드와 같은 매력적인 로컬 라이프스타일과 문화를 만들겠다고 다짐했습니다. 창업자가 개인의 꿈을 회사의 비전으로 확장하는 건 전혀 이상할 것이 없습니다(동기부여 측면에서는 필요한 방법이기도 합니다). 단, 지금의 고객에게 집중하고 있다면요.

'혁신적 비즈니스로 로컬을 살리는 청년'은 지자체와 언론이 반기는 타이틀입니다. 그래서 창업자는 언론 인터뷰, 강연,

데모데이, 지원사업 발표, 지역 포럼 등 전국의 지자체를 다니며 사업의 비전과 미션을 힘주어 이야기할 일이 많습니다. 어깨에 힘이 들어가기 시작하죠(제 이야기입니다). 새로운 문화를 만들고 시장을 창출하고자 하는 창업자의 서사와 미션이 기록으로 남아 검색에 수시로 걸리게 됩니다. 이 활동에 돈이 드는 것도 아니고 회사를 알리는 일이니 굳이 안 할 이유가 없다고 생각하지만 과연 그럴까요? 어느 회사의 실무자와 창업자에게 질문한 적이 있습니다. "지금 우리 회사는 '미션'과 '제품' 중 어떤 것에 더 중점을 두고 커뮤니케이션하고 있나요?" 실무자는 미션에 더 중점을 두고 있다고 답했고 창업자는 제품에 중점을 두고 있다고 답했습니다. 서로 다른 답을 했다는 '사실'을 차치하더라도(이것을 바로잡는 데도 비용이 많이 듭니다) 큰 문제가 있습니다. 고객은 제품보다 창업자의 서사와 미션을 먼저 알게 되거나 제품은 모른 채 창업자의 이야기만 아는 경우가 발생합니다. 브랜드가치는 창업자가 아니라 제품을 통해 쌓여야 합니다. 그 이유는 간단합니다. 그래야 매출이 나오기 때문입니다.

　고객은 힙한 로컬 라이프스타일이나 문화를 창조하는 일보다 제주를 여행하기 위해 하룻밤 묵을 방이 필요합니다. 그래서 침대가 편안하고 객실 곳곳이 깨끗하며 뷰가 좋고 사진 찍기 좋은 조식을 제공해 주길 원합니다. 이것이 '지금'을 살아가는 고객의 니즈입니다. 새로운 로컬 문화를 만들고 로컬 커뮤니티 호텔이라는 신규 시장을 개척하고 싶은 건 창업자의 니즈입니다. 창업자의 니즈는 고객의 니즈를 만족시켜 나가면 자연스럽게 달성됩니다.

팔아야 하는 건 창업자의 니즈(미션, 비전, 개인의 서사)가 아니라 고객의 니즈를 충족하는 제품입니다. 제품이 잘 팔려야 브랜드가 되고 브랜드의 장악력이 경쟁사를 압도해야 시장이 만들어지고 그런 상태로 꽤 많은 시간이 흘러야 자연스럽게 문화도 만들어질 수 있습니다. 만약 창업자가 (회사를 위한다는 생각을 하지만) 자신의 평판을 쌓는 것에 더 많은 시간을 할애하고 있다면 또는 브랜드를 검색했을 때 고객의 후기보다 창업자의 인터뷰가 더 상위에, 더 많이 보이고 있다면 이 질문이 필요합니다. "고객이 '지금' 원하는 것이 무엇인가?"

새로움은 일회로 종결되는 가치입니다. 따라서 새로워서 구매한 제품은 다시 구매하지 않을 확률이 높습니다. 재 구매가 일어나고 있지 않다면 우리의 제품을 새로움의 가치로 소구하고 있지는 않은지 점검해 볼 필요가 있습니다.

AI기반의 새로운 광고 플랫폼

지금까지 본 적 없는 새로운 맛

이제 더욱 새로운 방식으로 OO를 경험하세요

OO는 다릅니다

우리 주변에서 쉽게 볼 수 있는 광고 카피 또는 슬로건입니다. 이 외에도 신메뉴, 신차, 신기록, 신제품 등 사람들이 새로움에 특별한 가치를 부여하는 것은 사실입니다. 다름도 마찬가지입니다. 제품의 차별화 측면에서 매우 중요합니다만 무엇이 다른가가 아니라 다름을 추구한다는 사실 자체가 경쟁력이 되지는 않습니다.

당신 곁의 랜선 사수

금융을 내편으로

글이 작품이 되는 공간

독서와 무제한 친해지리

머무름 자체로 여행이 되는 곳

맛집 줄, 대신 서 드립니다

슬로건만 봐도 어떤 브랜드인지 짐작이 가는 것도 있고, 브랜드 명은 모르지만 어떤 서비스인지 정도는 감이 오는 것들도 있습니다.

당신 곁의 랜선 사수_퍼블리

금융을 내편으로_뱅크샐러드

글이 작품이 되는 공간_브런치 스토리

독서와 무제한 친해지리_밀리의 서재

머무름 자체로 여행이 되는 곳_스테이폴리오

맛집 줄, 대신 서 드립니다_테이블링

직장의 실무자를 위한 교육 콘텐츠를 제공하는 퍼블리의

슬로건은 타겟팅이 명확합니다. 스타트업에는 사수가 없는 경우가 많습니다. 있어도 유명무실한 경우도 많죠. 그런 고객의 Pain Point를 정확히 간파한 좋은 슬로건입니다. 마이데이터 시장에서 경쟁하는 뱅크샐러드도 '개인 맞춤형'이라는 서비스의 특성을 '내 편'이라는 단어로 친근하게 표현했습니다. 누구나 작가가 되는 브런치, 전자책 무제한 구독 서비스 밀리의 서재, 파인 큐레이션 스테이 서비스 스테이폴리오, 맛집 웨이팅 및 예약 서비스 테이블링까지 무엇을 하는 서비스인지 어떤 점이 강점인지를 잘 전달하고 있어 앞서 새로움/다름으로 표기했던 슬로건과는 확연한 차이가 있습니다. 새로움이나 다름과 같은 단어를 사용하기 보다는 서비스나 회사가 추구하는 가치를 적확한 언어로 정의하여 커뮤니케이션해야 할 필요가 있습니다. 나아가 메시지로써의 새로움 뿐아니라, 제품 측면에서도 (새로운 것을 좋아하는 고객을 위해) 신제품 출시 주기가 계속 짧아지고 있다면 무인양품의 디렉터 하라켄야의 이 말을 곱씹어볼 필요가 있습니다.

"이국정서로 놀라움을 준다고 해서 감동은 오래가지 않는다. 흥미를 불러일으키는 동기는 '얼마나 몰랐는가?'를 깨닫게 하는 것이다." _『저공비행』 내용 중

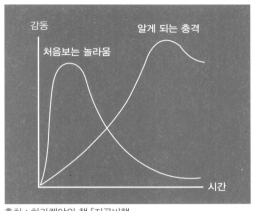

감동

처음보는 놀라움

알게 되는 충격

시간

출처 : 하라켄야의 책 『저공비행』

　　많은 스타트업은 '다름'의 가치를 지향합니다. 그도 그럴 것이 스타트업은 전통적 산업이나 대기업이 발견하지 못한 영역에서의 혁신적 시도가 창업으로 이어졌기 때문에 존재의 명분이 '다름'에서 출발합니다. 새로운 문제를 발견하고 해결하려면 대개 반 사회적 성향이 탑재되어야 가능한 일이기도 하여 스타트업의 대표님들은 '달라야 한다.' 내지는 '다르고 싶다'는 내재적 성향이 경영 전반에 나타나는 경향도 있습니다.

기존 회사들이 시도하지 않았던 '다른' 문제를 해결합니다. 제품도 혁신적으로 '다른' 방식을 도입해 만듭니다. 그렇게 만들어진 제품을 마케팅할 때도 '다른', 무언가 신박한 방법을 찾습니다. 사업도 다르게, 제작도 다르게, 홍보도 다르게, 콘텐츠도 다르게, 그래서 고객 경험도 다르게 만드는 노력을 합니다. 고객에게 '다름'을 전달할 때는 비용이 발생합니다. 고객은 충분한 시간을 두고 귀를 기울이지 않으며 깊게 생각하지 않기 때문에 알게 하는 것에 비용(communication cost)이 발생합니다. 또한 새로운 방법을 구성원이 이해하고 조직에 내재화하는 것에도 비용(Operating cost)이 발생합니다. 비용 측면에서도 모든 것을 다르게 하는 것은 효율적이지 않습니다만 가장 중요한 점은 정작 고객이 어려워한다는 것입니다.

두 가지 질문을 해보겠습니다. ① 스타벅스 하면 어떤 색이 떠오르나요? ② 지금 떠올리신 그 색은 스타벅스 공간 전체에서 몇 % 정도의 면적을 차지할까요? 첫 번째 질문의 답은 대부분 초록색을 떠올렸을 것입니다. 두 번째 질문에 대해서는 얼마 전 갔던 스타벅스 공간을 떠올려보고 있을 것 같은데요. 정답은 5%입니다. 스타벅스는 초록색(그 안에 담긴 가치)을 알리기 위해 95%의 뉴트럴 색상(눈에 확 띄지 않는 색)을 사용합니다.

다름의 가치는 다르지 않은 것들이 있을 때야 비로소 나타납니다. 회사가 가장 차별화하려는 것 한 곳을 제외한 나머지는 가장 익숙한 방법을 선택하는 것이 비용 측면에서도, 효과 측면에서도 좋습니다.

2. 전략/조직

Q1 일손이 부족해서 인력을 채용하려고 하나요?

창업 초기, 창업자가 (부득이) 전권을 쥐고 해 왔던 브랜딩이지만 회사가 커지면서 우선순위에서 밀리다 보니 고객접점 관리는 구성원이 대신합니다.

어느 날 창업자는 팀마다 사용하는 브랜드 언어가 제 각각이고 커뮤니케이션 메시지도 파편화되어 있다는 사실을 알게 됩니다. 과거 창업자 본인이 하고 있었던 컨트롤타워 역할이 부재하다고 생각한 창업자는 브랜드 매니저 채용을 결심합니다. 즉시 전력감이 될 사람을 구하기 위해 채용공고를 올리지만 수개월째 좋은 사람이 나타나지 않습니다. 스타트업의 브랜드 매니저는 거의 모든 일을 도맡아해야 하는데 처우는 그에 못 미치는 경우가 많습니다. 스타트업이니 연봉보다는 조직문화나 회사의 비전을 보고 지원하고 입사를 결정할 텐데요. 아무래도 즉시전력형 보다는 경험과 교육이 필요한 잠재전력형 지원자가 대다수 일 것입니다. 내부에서는 일이 많아서 아우성입니다. 결국 눈높이를 낮춰서 경험과 역량은 다소 부족하지만 우리 브랜드를 좋아하고 웬만큼 감각도 좋은 사람을 채용합니다. 최초에 인식한 문제는 관리자(브랜드 콘트롤 타워)의 부재인데 컨트롤 타워 역할을 하지 못하는 사람을 채용한 것입니다. 초기 스타트업에 기획/디자인/프로젝트 관리의 스킬셋을 갖추고 리더십까지 겸비한 인재가 조인할 확률은 매우 낮습니다. 따라서 채용에 앞서 조직을 먼저 점검할 필요가 있습니다.

회사에 새로운 사람이 들어오면 일손을 덜어줄 것 같지만 오히려 일이 더 늘어납니다. 체계가 갖추어져 있지 않을수록 불필요한 일은 증가합니다. 가장 먼저 회의가 늘어납니다. 체계적이지 못한 커뮤니케이션의 양이 늘어나면 누수도 덩달아 증가합니다. 누수를 바로잡거나 예방하기 위해 정기 회의가 잡히기 시작합니다. '일단 만나자'식의 회의는 체계가 없다 보니 시간이 길어지면서 참여자의 피로도도 높아집니다. 하루 종일 회의에 불려 다니느라 정작 업무는 퇴근시간이 되어서야 시작하게 됩니다. 이러한 회의는 회사 운영 또는 리더에 대한 불만으로 이어지고 나아가서는 회사에 대한 애정과 프로젝트 오너십이 점차 옅어지면서 업무 퍼포먼스가 하락하는, 악순환 사이클에 진입하는 계기가 됩니다. 이런 상황에서 또 일이 늘어납니다. 창업자(리더)는 속도를 줄일 생각이 없습니다. 조직과 구성원의 레드 플래그를 감지하지 못한 리더가 새로운 일을 도모하기 시작합니다. 예를 들면 "새로운 인력도 들어왔으니 하자고 말만 하고 못해왔던 뉴스레터를 발행해 봅시다."라고 말합니다. 이때쯤이면 일이 많아서 사람을 뽑아달라고 한 기존 구성원은 일이 전혀 줄지 않음을 깨닫게 됩니다.

회사가 해야 할 일도 늘어납니다. 신규 입사자가 조직의 핵심가치와 회사 규정을 완벽하게 체화하여 알아서 착착 일하면 얼마나 좋을까만은 그런 일은 일어나지 않습니다. 살뜰히 온보딩을 도와야 하고 정기적으로 1 on 1을 해서 회사에 대한 불편/불만사항은 개선하고 구성원의 성장을 도와야 합니다.

그 외에도 급여, 휴가, 경조사 등 구성원 한 명이 근무하는 데 필요한 지원 업무가 무수히 발생합니다. 일반적으로 지원 업무의 필요성에 대해 창업자와 구성원은 매우 큰 온도차를 보입니다. 초기 스타트업의 헝그리 정신을 강조하며 방목하다가는 입사자가 몇 달 뒤에 퇴사하거나 더 나쁘게는 조직문화의 병폐를 만드는 조용한 퇴사자가 됩니다.

당초 창업자가 발견한, 브랜드 언어가 제 각각이고 커뮤니케이션 메시지가 파편화되어 있다는 현상은 인력이 아니라 시스템의 문제로 접근하는 것이 좋습니다. 비즈니스는 최대한 많은 변수를 상수로 만들수록 가장 중요한 변수(핵심 문제 해결)에만 몰입할 기초 체력이 만들어집니다. 인력은 변수가 많고 채용할 때마다 고정비용(인건비)이 계속 상승하지만 시스템은 예측가능하며 비용이 고정적입니다. 따라서 사람이 아니라 시스템이 일하도록 하는 것이 좋습니다.

그동안의 경험에서, 일할 사람이 없어서 문제인 회사보다 사람 문제로 골머리를 앓는 회사가 압도적으로 더 많았습니다. 현재 구성원이 겪는 문제가 있다면 새로운 구성원도 똑같이 겪을 가능성이 큽니다. 채용을 추진하기 이전에, 현재 구성원이 어떻게 일을 하고 있고 어떤 것을 조직의 문제로 인식하고 있는지 1 on 1 면담을 통해 알아보는 것을 추천합니다. 현재 조직의 문제를 개선하면 필연적으로 팀의 퍼포먼스는 향상됩니다.

영업용 브로셔와 홈페이지를 개선하고 싶다며 찾아온 고객
이 있었습니다. 창업 1년 차의 1인 기업인 〈샤인(가칭)〉은 지역
에서 수확한 포도로 만든 와인을 유통합니다. 3개월 전 첫 제품
그라치에(가칭)를 출시한 뒤 지역의 관광명소인 광명동굴에 납품
을 하고 있었습니다. 첫 판매채널을 성공적으로 확보한 창업자
는 판로를 확대하기 위해 영업을 준비하고 있습니다. 영업에는
브로셔가 필요하죠. 또한 미팅을 끝내고 나오면 대개 담당자가
회사 홈페이지를 둘러보곤 하는데, 이 때 회사가 좀 더 규모감

〈메모①〉

```
• 배 경
  - 1년 차 와인 브랜드, 샤인
  - 3개월 전 첫 제품 출시
  - 광명동굴 납품 성공
• 목 적 : 판로 확대
• 방 법 : 발로 뛰는 영업
• 할 일 : 브로셔, 홈페이지 제작
※ 광명포도로 만들었는데 왜 이름이나 라벨에 광명이 드러나지 않지?
```

있고 전문성있는 것처럼 보이면 좋겠다는 솔직한 요청도 하셨습니다. 약 20분에 걸쳐 대표님의 이야기를 듣고 메모한 내용은 〈메모①〉과 같습니다.

"대표님, 창업한 지 1년이 채 안되었다고 하셨는데 이전에는 혹시 어떤 일을 하셨나요?"

"빵을 기관에 납품하는 일을 했다가 지금은 카페와 매점을 운영하고 있어요."

"그러셨군요. 근데 어쩌다 업종이 전혀 다른 와인 사업을 하시게 되었어요?" 제가 다시 물었습니다.

"3년 전인가… 누님 가족이 광명에 놀러 와서 구경도 시켜드릴 겸 광명동굴에 놀러 갔어요. 잠깐 설명드리면 광명에는 갈 데가 그렇게 많지는 않아요. 몇 년 전에 지자체에서 광명동굴을 열었는데 대박이 났어요. 연간 100만 명이나 여길 다녀가거든요. 다 둘러보고 나오면서 기념품샵에 들렀어요. 거기도 사람이 북적이더라고요. 〈광명와인동굴〉이라고 해서 와인 10여 가지를 팔아요. 근데 살펴보니까 광명동굴인데 광명에서 만든 와인은 없는 거예요. 누님이 장난처럼 그러더라고요. '와인 만들어서 한 번 팔아봐' 며칠이 지나도 누님이 쿡

찌른 그 말이 계속 머리에 남는 거예요. 방문객도 많고 마침 광명이 특산품도 마땅히 없어서 다른 지역 와인을 팔고 있으니까 광명 포도로 와인을 만들면 승산이 있겠다 싶었어요. 내가 와인을 전혀 모르니까 일단 OEM 할 곳을 찾아서 제품 생산을 맡겼어요. 그리고 광명동굴 담당자를 찾아가서 여기서 우리 와인 좀 팔자고했죠. 시작하고 입점하는데 꼬박 3년 걸렸네요."

"실례가 안 된다면, 혹시 현재 매출이 어디서 얼마나 나오는지 말씀해 주실 수 있을까요?"

"아직 초기라 판매량이 많지는 않아요. 광명동굴에서 판매한지 3개월 정도 되었는데 매출은 거의다 거기서 나온다고 보면 돼요. 그거 말고는 OO백화점 지역 특산품 매대에도 제품이 들어가는데 하루에 한 병 팔리는 정도예요. 그래서 판로를 좀 더 확장하려는 거예요. 지역 대형 마트에 납품 제안을 좀 하려고요."

"근데 사장님, 왜 판로를 확대하려는 건가요? 매출이 더 필요한가요?"

대표님이 당연하다는 듯 고개를 끄덕입니다.

"그럼, 정리하면 광명동굴 외에 신규 판매 채널을 확보해서 매출을 높이려는 거네요. 그렇다면 광명동굴에서는 매출이 더 나오기 어렵다고 보시는 건가요? 그렇게 판단한 근거는 뭔가요?

"…"

대표님이 생각에 잠깁니다.

첫 미팅이 있은 다음 주 함께 광명동굴을 찾았습니다. 과연 매출이 더 이상 높아질 여지가 없는지 확인하기 위해서입니다. 와인 기념품샵에는 전국 각지의 와인 약 10여 종이 판매되고 있었습니다.

"방문객 대비 몇 % 정도가 와인을 구매해서 가나요?" 매니저에게 제가 물었습니다.

"열에 세 명은 여기 들러서 와인을 사가요."

이 숫자가 시장의 크기라면 3개월 차 그라치에의 M/S는 0.1% 수준입니다. 추가적인 확인이 필요하지만—평일 2일, 주말 2일 총 4일만 동굴 앞에서 와인을 들고 있는 사람과 그렇지 않은 사람을 카운팅 해보시길 제안 했습니다—매니저의 말이 맞다는 전제에서, 기념품샵에는 10여 종의 와인이 판매되고 있으니 보수적으로 똑같은 M/S를 나눠가진다고 가정해도 3%라

〈메모②〉

> • **배경**
>   - 1년 차 와인 브랜드, 샤인
>   - 3개월 전 첫 제품 출시
>   - 광명동굴 납품 성공
> • **문제** : 제품에 광명 와인이라는 정보와 이미지가 부재함
> • **목표** : 광명동굴 M/S 3%까지 높이기
> • **해결책** : 고객 접점(라벨과 쇼케이스)에서 광명, 동굴의 이미지와 스토리 전달하기
> • **할 일** : 라벨 리뉴얼, '광명'과 '동굴'의 스토리를 담은 카피 및 스토리 개발

는 계산을 해볼 수 있습니다.

직접 광명동굴을 찾아 확인한 데이터와 추론을 통해 처음 메모했던 내용이 〈메모②〉와 같이 바뀌었습니다. 현상을 관찰하고, 현상을 이해하는데 필요한 사실을 파악하고, 사실에 근거해서 현상의 원인인 문제를 정의하면 해야 할 일이 명확해집니다. 우리는 〈샤인〉에 필요한 것은 브로셔와 홈페이지가 아니라 라벨을 바꾸는 작업이라는 결론에 이르렀습니다.

Q3 와인을 파는 게 좋을까요? 기념품을 파는 게 좋을까요?

광명동굴은 〈샤인〉의 대표님이 따로 홍보나 영업하지 않아도 연간 100만 명을 모객 해줍니다. 반면 지역 마트는 그 수에 훨씬 못 미칠 것입니다. 또한 마트에는 경쟁 제품이 수두룩합니다. 와인뿐만 아니라 위스키, 샴페인, 전통주 등 다른 주류 카테고리까지 경쟁 제품에 포함됩니다. 하지만 광명동굴은 10여 개의 와인과 경쟁하면 됩니다. 더군다나 '광명' 이름표를 단 〈그라치에〉가 선택될 확률은 매우 높습니다. 채널의 충분한 모객력, 현지 원물로 현지 생산되는 유일한 와인이라는 장점 외에도 판매채널을 넓히지 않아야 할 중요한 이유가 있습니다.

마트와 동굴의 와인은 구매하는 이유가 다릅니다. 마트의 와인은 마시려고 구매하지만 관광지의 와인은 기념하려고 구매합니다. 일상에서 본인이 마시려고 와인을 고르는 고객은 품종, 빈티지, 무엇보다 가격을 깐깐하게 따져 고릅니다. 여행지에서 기념품을 고르는 고객은 여기서만 구할 수 있고 라벨/패키지가 그것을 상징하면 구매합니다. 〈샤인〉이 마트 고객을 만족시키기 위해 당장 할 수 있는 일은 거의 없지만 동굴 고객에게는 〈그라치에〉가 확실한 우위를 가질 수 있습니다.

〈그라치에〉는 1년도 채 되지 않은 신생 와인 회사가 만든 3개월 된 신상 제품입니다. 와인은 빈티지가 중요하고 주류 시장은 회사의 역사가 속된 말로 '깡패'인 시장입니다. 마트에 있는 적게는 수백, 많게는 수만 가지 와인과 경쟁해서 3개월 차에 접어든 〈그라치에〉를 '마셔야 할 이유'를 설득하는 것은 쉽지 않습니다. 따라서 수 만개의 제품과 '와인'으로써의 경쟁을 하는 것보다 10여 개의 제품과 '기념품'으로써 경쟁을 하는 것이 더욱 확률 높은 게임이라는 결론에 이릅니다.

내가 파는 제품이 동일해도 판매 채널에 따라 다르게 정의될 수 있습니다. 회사의 상황, 경쟁력이 어디서 나오는지 객관적으로 판단하고 우리의 제품이 가장 경쟁력을 가질 수 있는 판매 채널을 정하는 것은 중요합니다. 제품보다 플랫폼이 우위인 시대입니다.

Q4 이 일을 하면 어떤 문제가 해결되나요?

회사에는 '하면 안 되는 일'과 '해야 하는 일'이 있습니다. 하면 안 되는 일은 회사 수칙을 제정해서 제도적으로 막거나 조

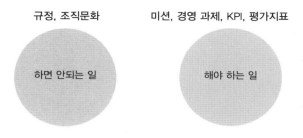

규정, 조직문화   미션, 경영 과제, KPI, 평가지표

하면 안되는 일   해야 하는 일

직문화를 통해 구성원에게 도덕적인 책임과 태도를 요구할 수 있습니다. 해야 하는 일은 미션이나 경영과제와 같은 아젠다를 설정하여 전체 구성원에게 방향을 제시하고 단기 목표, 평가지표, KPI 등을 수립하여 보다 세부적인 영역에서 업무의 방향과 질을 통제할 수 있습니다. 회사의 모든 일을 이렇게 딱딱 구분할 수 있으면 좋겠지만 회사에는 그레이 영역이 훨씬 큽니다. 규정은 종이 위에만 있고 조직문화는 강제성이 없거나 해석이 모호하여 개인의 자유의지를 믿을 수밖에 없습니다. 경영 과제는 시장의 환경에 따라 수시로 변하고 평가지표나 KPI가 모든 의사결정의 기준을 제시하지는 못합니다. 이 때문에 회사에는 하면 좋은 일이 무수히 증식합니다.

『어느 날 대표님이 우리도 브랜딩 좀 해보자고 말했다』라는 책 제목은 브랜딩이 성공의 열쇠인 것처럼 무지성적으로 받

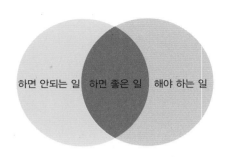

하면 안되는 일 하면 좋은 일 해야 하는 일

아들이고 구성원과의 소통에 무심한 대표의 모습을 잘 포착했다고 생각합니다. 님 호칭, OKR, 스낵바, 피플팀, 재택근무 등 해야 하는 일과 하면 좋은 일의 경계에 있는 유사한 사례는 수도 없이 많습니다. 이 외에도 예산이 남아서 SNS광고를 추가로 집행하는 마케팅 팀장의 변도 "하면 좋잖아" 일 수 있고 연말에 멀쩡한 보도블록을 다시 까는 예산을 편성하는 공무원도 "시민들이 더 쾌적하게 걸을 수 있으니 좋잖아"라고 할 수 있습니다. 하면 좋은 일이 증식하는 데는 현대인의 심리와 우리 사회가 발전해 온 배경도 큰 역할을 합니다.

우리는 왜 바쁘다고 말할 때 자랑스러워할까? 하루 중 대부분의 시간 동안 진짜 노동을 하고 있는 걸까? 데니스 뇌르마르크와 아네르스 포그 옌센의 저서 『가짜노동』은 이 두 가지 물음을 좇습니다. 저자는 노동을 숭배하는 오랜 기독교적 사상, 산업화 시대부터 시작된 시간단위 노동의 역사, 쓸모 있는 사람이라는 환상, 인정욕구, 불안, 책임 회피, 불신 (그래서 나타난 통제) 등이 결합되면서 오늘날 회사에는 다양한, 그리고 아주 넘치는 가짜노동이 존재한다고 주장합니다. 이러한 문화적, 사회적 배경은 우리가 무언가를 열심히 해야 한다는 기본값에서 출발하도록 합니다.

문제가 있어 해결하는 것이 일이고 눈에 보이는 모든 문제가 아닌 목표에 비추어 시급성, 중요성 따지는 태도가 필요합니다. 회사에 가짜노동 또는 하면 좋은 일이 늘고 있다면 '이 일이 어떤 문제를 해결하며 그것을 해결하면 우리가 정한 목표에 더 빠르게 다가갈 수 있나요?'라는 질문을 해보시기 바랍니다.

Q5 구성원의 VOC를 정기적으로 듣고 있나요?

창업을 하거나 브랜딩이라는 직무에서 오랜 시간 일을 하며, 결국은 조직 내부의 문제를 해결하는 것이 가장 먼저고 중요하다는 생각을 하게 되었습니다. 이것이 해결되지 않으면 그

어떤 전략도 제대로 작동하지 않는다는 것을 수차례 확인한 뒤에 얻은 결론입니다(그래서 인사 직무에 지원하여 일을 하기도 했습니다). 브랜딩은 대외적 업무이자 고객과의 관계를 만드는 것에 더욱 치중된 것이 사실이지만 고객과의 관계를 만드는 주체인 내부의 고객, 즉 구성원을 설득하는 것 또한 매우 중요합니다. 이 일은 광범위하게는 HR의 범주이고 좁게는 인터널 브랜딩 또는 조직문화가 이에 해당합니다. 얼마 전 국내 최대의 구인구직 스타트업이 주관하는 HR 컨퍼런스에 참관할 기회가 있었습니다. 6시간에 걸쳐 각계의 유망한 스타트업 대표와 HR 담당자가 연사로 나와 자사의 사례와 시장의 변화 양상을 설명했습니다. 강연이 끝나고 Q&A세션이 이어졌고 한 참석자가 질문을 했습니다. "조직문화는 회사의 성장 단계마다 다른 접근이 필요해 보이는데요. 초기 스타트업은 어떻게 하면 좋을까요?" 아쉽게도 연사의 답변은 질문자의 가려운 곳을 긁어주지 못했습니다. 원론적인 답변이었기 때문입니다. 이 행사에서 나온 대부분의 참석자 질문은 'How to'였고 연사의 답변은 원론적이었습니다.

〈배달의민족〉 서비스를 운영하는 〈우아한형제들〉에는 피플팀이 있습니다. 인사팀에서 근로규정을 설계하면 피플팀에서 조직에 '스며들게' 하는 역할을 합니다. 코로나로 인해 대면 소통이 줄어들자 피플팀은 구성원과의 인터뷰를 통해 이런 질문들을 던졌다고 합니다. "텍스트 소통에서 존중을 만드는 방법은 무엇일까?", "2천 명의 슬랙창에 어울리는 콘텐츠는 무엇일까?", "비대면 근무환경에서 심리적 연결을 무엇으로 만들 것인가?" 현재 상황에서 고객(구성원)의 Pain Point가 무엇인지 정확히 진단하고 실행한 것입니다. 이 질문의 결과로 티타임/런치비 지원, 사내소식 영상 콘텐츠, 잡담이 경쟁력이다(슬로건)와 같은 결과물을 도출합니다. 방법론만 떼어놓고 보면 그리 대단해 보이지 않지만 이것들이 효과를 발휘하고 〈우아한형제들〉만의 문화로 자리 잡은 이유는 구성원의 needs base에서 출발하여 〈우아한형제들〉만의 '위트 있는' 방식으로 꾸준히 실행했기 때문입니다.

조직의 문제를 해결하는 실마리는 내부의 고객인 구성원이 쥐고 있습니다. 따라서 구성원의 VOC(Voice of Customer)를 듣는 것은 유효하며 '정기적'일수록 좋습니다. 비 정기적일 경우, 담당자는 자신이 어떤 실수를 했기 때문에 만난다고 생각하거나 (실제로 문제가 생겨 만나는 경우가 많고) 리더가 시간이 남아서 만나나 보다 생각하게 됩니다. 이 경우, 구성원은 자신의 이야기를 솔직하고 객관적으로 털어놓지 않습니다.

〈우아한형제들〉 피플팀의 나하나 님은 사업 초창기에는 거의 매일 7명 정도의 생일을 챙겼다고 합니다(구성원의 생일을 챙겨야 한다는 의미는 아닙니다). 쏘카의 CTO 류석문 님에게 한 참석자가 질문했습니다. "조직원과 관계를 형성하고 싶은데 어떻게 하면 좋을까요?" 그의 답은 거창할 것 없는 'Over Communication'이었습니다.

3장
실행 편

---

1. 아무나 모르는 브랜딩 퍼널

1일 1 포스팅
떡볶이

최애 떡볶이 브랜드를 하나 소개하겠습니다. 2021년 즈음 지인이 기가 막히게 맛있는 떡볶이를 발견했다며 톡으로 구매 링크를 보냈습니다. 상세 페이지를 둘러보니 출고 가능한 날짜를 알리는 달력이 이미 두 달을 훌쩍 넘어갑니다. 주문하고 받는데 3개월이 걸렸다며 자랑스러워하는(?) 후기들도 눈에 띕니다. 구매 페이지에 있는 링크를 따라 블로그에 들어가니 회사의 미션, 떡볶이 레시피 개발 과정, 창업자 인터뷰 등 브랜드의 스토리가 일기장처럼 빼곡합니다. 이들의 노력과 진심을 속속들이 확인하고 나니 주문을 안 할 수가 없더군요. 3개월 뒤에나 맛볼 수 있는 떡볶이를 몇 개 주문하고 블로그도 구독하고 인스타그램도 팔로우했습니다.

13가지 천연재료로 소스를 만드는 〈사과 떡볶이〉는 8년 간의 연구 끝에 탄생했습니다. 공동 창업자 블랙권과 객매님은 창업과 연구의 과정을 블로그에 하루 한 개씩 꾸준히 포스팅합니다. 1일 1 포스팅이 얼마나 어려운지 블로그를 운영해 본 분들은 아실 텐데요. 파란만장한 시행착오의 과정을 그야말로 낱낱이 기록한 것입니다. 사과떡볶이의 구매페이지 상단에는 '떡볶이로 세계정복'이라는 문구가 걸려있습니다. 8년의 레시피연구와 1일 1 포스팅이 만들어낸 서사의 깊이 때문에 자칫 공허하고 유치해질 수 있는 구호에 힘이 있습니다. 아무래도 한국은 정복하신 것 같고 싱가포르 진출로 세계 정복의 첫 발을 뗀 사과떡볶이는 현재 온라인몰에 누적 300만 명이 방문했고 연매출 50억 원을 넘어섰습니다.

일본의 IT비평가이자 작가인 오바라 가즈히로는 그의 책, 『프로세스이코노미』에서 오늘날 새로운 가치 창출의 전략으로써 프로세스 이코노미를 제안합니다. 이는 상품과 서비스를 만드는 과정을 고객들과 공유하면서 오리지널 가치를 창출하는 새로운 판매 전략이자 프레임입니다. 고객은 이제 물질적 필요는 대부분 충족되었습니다. 왜 이런 일을 하게 되었는지, 어떤 과정을 거쳐 지금에 이르렀는지, 무엇을 시도했고 실패했는지 등 브랜드가 걸어온 과정을 살펴 구매를 결정하기 시작합니다. 브랜드는 점차 아웃풋의 퀄리티보다는 프로세스의 가치를 전파하는 방향으로 진화하게 됩니다. 따라서 이제 기업이 판매하는 것은 제품이 아니라 상품화된 과정, 즉 브랜드의 서사입니다.

'아무나 모르는'
브랜딩 퍼널

마케팅 전략이나 이론서에 자주 등장하는 일반적인 마케팅 퍼널은 인지→관심→고려→구매→충성의 5단계로 이루어져 있습니다. 제품마다 조금씩 변형되긴 하지만 고객은 이 5단계의 여정을 거치며 브랜드와 관계를 맺습니다. 지금도 유효한 여정이지만 앞서 사례로 나왔던, 제가 〈사과떡볶이〉를 구매한 여정과 최근 주변에서 일어나는 고객의 구매 여정을 떠올려보면 변화된 문법을 발견할 수 있습니다. 설명을 쉽게 하기 위해, 기존 퍼널을 마케팅 퍼널, 변화된 퍼널을 아무나 모르는 브랜딩 퍼널(이하, 브랜딩 퍼널이라고 함)이라고 부르겠습니다. 마케팅 퍼널이 5단계로 된 것과는 달리 브랜딩 퍼널은 인지→관심→관계맺기→구매/충성의 4단계 여정으로 설명할 수 있습니다. 무엇보다 이 둘의 차이를 만들어낸 핵심은 인지 단계에서 일어난 '발견'입니다.

마케팅 퍼널

단계	내용
1. 인지(Awareness)	노출에 의한 수동적 인지
2. 관심(Interest)	추가 정보 탐색
3. 고려(Conciderarion)	후기 분석, 타제품과의 비교
4. 구매(Perchase)	구매
5. 충성(Retention)	만족할 경우, 재구매와 추천

브랜딩 퍼널

단계	내용
1. 인지(Awareness)	발견을 통한 능동적 인지
2. 관심(Interest)	추가 정보 탐색
3. 관계맺기(Engagement)	채널 구독, 팔로우
4. 구매/충성(Perchase&Retention)	구매, 추천, 재구매 결심

오늘날은 고객이 나서서 브랜드를 발견합니다. 노출(수동적 인지)에서 발견(능동적 인지)으로의 변화가 브랜딩 퍼널의 핵심이라고 할 수 있습니다. 과거에는 기업이 비용을 들여 만든 홍보물을 다시 비용을 들여 노출을 해야 했다면 오늘날 브랜드는 블로그, 브런치스토리, SNS, 유튜브 등 공개된 플랫폼에 기록물을 저장하고 이것이 고객에 의해 발견됩니다. 발견이 되는 이유는 취향이 일치하면 연결되고자 하는 인간의 심리와 플랫폼의 알고리즘 때문입니다.

사과떡볶이를 추천한 지인은 제가 떡볶이 홀릭이라는 것과 브랜드에 관심이 많다는 정보를 알고 있었습니다. 또한 누군가

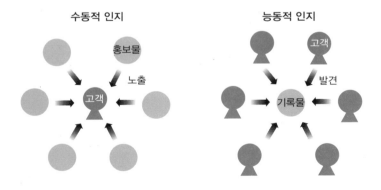

는 떡볶이 먹는 사진에 '좋아요'를 눌렀다가 SNS 피드에 뜬 사과떡볶이를 발견했을 수도 있습니다. 현대인은 평균적으로 하루 중 30%의 시간을 대화를 하며 보내고 이 대화의 15%가 브랜드에 관한 대화입니다. 그리고 열 명 중 한 명은 자신이 발견한 것을 다른 사람과 공유할 때 인생 최고의 행복을 느낀다고 합니다. 지인이 추천하든 알고리즘이 추천하든 어딘가에, 누군가에게 취향을 드러낸 적이 있다면 추천은 반드시 일어나게 됩니다. 수년 전 올린 영상의 조회수가 급증하면서 차트 역주행을 하는 가수가 심심찮게 등장하는 것은 발견의 힘을 잘 보여줍니다. 이제 TV편성표 같은 전 국민이 공유하는 하나의 타임라인은 없습니다. 취향과 알고리즘에 따라 시간과 관계없이 개인의 피드에 뜨거나 검색에 따라 새롭게 정렬됩니다. 기록물은 그 양이 많을수록 더 자주 발견될 것이고 일관될수록 더욱 강하게 고객을 끌어당길 것입니다.

동네를 걷다가 마음에 드는 카페를 발견하면 기분이 좋습니다. 멋지게 사진을 찍어 인스타그램 스토리에 올립니다. 장소는 태그하지 않습니다. 사진 속 장소를 묻는 DM이 오면 괜히 으쓱하며 슬쩍 알려줍니다. 이곳이 오랫동안 꾸준히 장사해주길 바라면서도 너무 많은 사람에게 알려지지 않길 바라는 양가적인 감정을 갖기도 합니다. 이제 고작 한번 방문했을 뿐인데도 마치 몇 년 된 단골처럼 가게 걱정을 합니다. 고객이 이처럼 행동하는 이유는 '내가' 발견했기 때문입니다. '나'라는 주어가 붙는 순간 브랜드는 특별해집니다. 브랜딩의 주도권을 내어주면 고객은 구매는 물론, 유사한 취향의 사람들을 잘 골라 추천하고 홍보도 자처할 것입니다.

2단계 **관심** 링크, 발견의 기쁨을 이어주다

〈관심〉 단계는 마케팅 퍼널과 브랜딩 퍼널이 동일하지만 어떤 태도로 관심을 보이는 가에서 큰 차이가 있습니다. 수동적인 고객은 이성의 끈을 놓지 않고—아직은 믿을 수 없다는 태도로—추가적인 정보를 탐색하는 반면 능동적인 고객은 이해와 공감의 태도로 브랜드의 콘텐츠를 샅샅이 탐색합니다. 이때 필요한 것은 기록물이 보관된 링크입니다.

인스타그램 프로필에서 다중 하이퍼링크를 허용하지 않는 것에 불만을 느낀 알렉스 자카리아라는 〈링크트리〉라는 프로그램을 만들어 배포합니다. 초기부터 사용자가 몰려 서버가 다

운되기도 한 〈링크트리〉는 현재(2021년 기준) 1,600만 명이 사용하는 가장 대중적인 모바일서비스 중 하나가 되었습니다. 오늘날 콘텐츠를 다루는 플랫폼이 다양하고 플랫폼의 특성에 따라 콘텐츠도 다양하게 표현됩니다. 블로그는 개인의 일상을 담은 글이나 제품/서비스의 후기를 길게 적은 콘텐츠, 브런치스토리는 전문성 있는 아티클이나 에세이 형태의 한 편의 완성된 글을 볼 수 있습니다. 인스타그램은 철저히 비주얼이 중요한 이미지 콘텐츠, 유튜브는 세상 모든 지식과 정보가 영상 형태로 유통됩니다. 최근에는 보다 폐쇄형 소통 채널인 뉴스레터가 다시 브랜딩/마케팅 수단으로 각광받고 있기도 합니다.

플랫폼의 특성에 따라 고객 유형도 다르고 이용 경험도 천차만별입니다. 따라서 모든 플랫폼을 홍보채널로 활용하는 것은 지양하는 것이 좋습니다. 또한 하나의 콘텐츠를 여러 플랫폼에 큰 변형 없이 올리는, One source Multi Use도 곤란합니다. 브랜드의 서사를 쌓아나가기에 적당한 채널을 하나 정한 뒤 메인으로 두고 접근성을 높이는 인스타그램을 서브 채널로 활용하는 것을 추천합니다. 그리고 각 채널에 링크를 걸어둠으로써 고객으로 하여금 브랜드의 서사를 폭넓게 전달하는 것이 중요합니다.

기업이 발신한 홍보물은 자사 제품의 장점만 열거되어 있다보니 고객은 타사 제품이나 고객 후기를 보며 검증과 비교를 함으로써 합리적인 구매를 하고자 합니다. 그래서 마케팅 퍼널에서는 〈고려〉의 단계가 있습니다. 이와는 달리 브랜딩 퍼널에서는 고객이 스스로 채널을 구독하거나 SNS를 팔로우하는 방법으로 먼저 관계맺기에 진입합니다. 이때 브랜드는 소통을 시작해야 합니다. 닫힌 소통일수록 좋습니다.

팔로우 기반의 폐쇄형 SNS인 인스타그램이 최근 구독 기능을 도입함으로써 폐쇄적인 소통을 더욱 강화했습니다. 구독은 릴스에 이어 인스타그램이 추진하는 수익화 모델의 하나인데요. 월 구독료를 지불하면 구독한 계정이 발행하는 전용 콘텐츠를 볼 수 있습니다. 브랜드 입장에서는 수익화와 동시에 좀 더 로열티 높은 (월 구독료를 지불한) 고객을 관리할 수 있게 된 것이죠. 도입 초기이다 보니 어떤 형태로 활용될지는 지켜봐야겠지만 이미지 기반의 뉴스레터 정도의 모습으로 인스타그램에서 유통되는 정보의 질이 더 높아질 것으로 보입니다. 트레바리, 남의 집, 문토, 넷플연가와 같은 커뮤니티 비즈니스의 성장은 폐쇄형 소통의 니즈를 잘 보여 줍니다. 취향이 비슷한 사람들이 모여 깊이 있는 소통을 하는 모습이 낯설지 않은 요즘입니다. 유료 구독형의 뉴스레터는 요즘 대세입니다. 글로벌 최대 뉴스레터 플랫폼인 스티비에서 발송된 레터의 수는 2020년 5.2억 건에서 2022년 16.2억 건으로 2년 간 3배 수 성장했습니다. 인스타그램 구독 기능 도입, 커뮤니티 그리고 뉴스레터의 성장 추이를 통해 특정한 주제/취향을 매개로 관계를 맺고 소통하는 것은 그 필요성이 더 커진다는 것을 알 수 있습니다. 따라서 고객과 관계를 맺은 브랜드는 열린 공간에서 피상적으로 소통하는 것이 아니라 폐쇄된 관계를 맺고 고객이 소속감을 느끼도록 하는 것이 중요합니다.

신제품 출시 정보를 가장 먼저 제공할 수 있겠습니다. 멤버십 한정 판매 제품을 만들 수도 있고 강연이나 이벤트를 개최하는 것도 고객의 소속감 높이는 방법의 예시입니다. 이러한 관계 강화를 통해 로열티를 높이는 것은 결국 리텐션을 위해서입니다. 유입된 고객이 이탈해 버리면 다시 불러오거나 다른 신규 고객을 불러들이기 위한 비용이 계속 증가하기 때문에 한번 유입된 고객을 오랫동안, 가능하다면 평생 붙잡아 두기 위해 하는 일이 브랜딩인 셈입니다.

마케팅 퍼널은 고객이 구매한 이후에도 이탈하지 않고 재구매하도록 하기 위해 홍보와 판촉행사로 붙잡아 둬야 했다면 브랜딩 퍼널에서는 원래 해오던 기록을 계속 이어가는 것으로도 재 구매가 일어날 수 있으며 소속감을 높이는 활동을 추가한다면 더욱 높은 리텐션을 만들어 낼 수 있습니다. 'OO is 뭔들'의 단계로 나아가는 것입니다. 나만 아는 정보, 나만 경험하는 것이 늘어날수록 고객의 로열티는 높아질 것입니다.

4단계 구매/충성 공감의 표시, 돈쭐내기

브랜딩 퍼널에서 4단계는 구매와 충성이 동시에 일어납니다. 앞서 모베러웍스의 사례에서 보듯, 고객은 필요해서 구매하는 것이 아니라 공감해서 구매하기도 합니다. 기록을 발견하고 브랜드의 서사에 공감한 순간 로열티가 생기기 시작하고 공감의 단계에 이릅니다. 구매는 단지 공감의 표시로써 하는 하나의 행위가 되기도 합니다.

MZ세대의 소비 특징을 설명하는 미닝아웃 meaning out 이라는 표현이 있습니다. 자신이 간직한 사회적 신념과 가치관

Follow

LG, 마케팅 대신 해드립니다
@LGinsteadofMKT
Joined December 2015

LG, 마케팅 대신 해드립니다
@LGinsteadofMKT

이 바버들...!!! 선행은 남몰래 하랬더니 진짜로 그러는 착한 바버
들...!!!!(오열)
ddanzi.com/index.php?mid=...

〈LG, 마케팅 대신 해드립니다〉 트위터 캡쳐본
출처 : 트위터

을 소비 행위를 통해 표현하고 이를 타인에게 적극적으로 노출하는 것을 뜻합니다. 미닝아웃을 잘 보여주는 사례로 '돈쭐내기'가 있습니다. 코로나로 일자리를 잃어 571원 밖에 없었던 한 아이의 아버지에게 공짜 피자를 선물한 피자가게 소식이 전해지면서 많은 소비자들이 '돈쭐 내러 갑니다'라며 선행을 한 업주를 찾아가 팔아주기 운동을 벌인 적이 있습니다. 이들은 피자가 먹고 싶었던 것이 아니라 피자 가게 사장님의 선행에 공감했음을 표현하기 위해 피자를 구매를 한 것입니다. 공감한 고객은 돈쭐을 내는가 하면 자처하여 홍보대행사가 되기도 합니다. 〈LG, 마케팅 대신 해드립니다〉채널과 같이 브랜드 담당자도 모르는 사이에 방방곡곡 어딘가에서 자신의 브랜드 이야기가 흘러 다닐 수도 있습니다.

요컨대, 기록은 브랜드의 서사를 만듭니다. 디지털 환경에 노출된 고객은 어떤 경로를 통해서든 자신의 취향에 맞는 콘텐츠를 발견합니다. 브랜드의 서사에 공감한 고객은 또다시 같은 취향을 공유하는 누군가에게 추천하거나, 또는 온라인에 인증을 하는 것만으로도 알고리즘이 알아서 비슷한 고객을 찾아 추천합니다. 이 과정이 반복되면, 우리 브랜드의 가치에 공감하

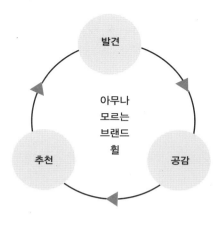

는 사람들이 점차 모여 브랜드를 성장시켜 나갑니다. 취향이
다르거나 공감하지 않을 법한 사람들에게는 닿지 않은 채, 아
무나 모르는 브랜드가 되는 것입니다.

2. 아무나 모르는 고슴도치 빵집

　주말 아침, 브런치를 먹기 위해 가족, 조카와 경기도 광주에 위치한 베이커리 카페에 방문했습니다. 요즘 한창 트렌드로 떠오르는 '도심 근교 대형 카페'입니다. 3개 동으로 이루어진 이곳은 베이킹룸과 대형 취식공간은 기본이고 정원, 식물양호실, 쿠킹스튜디오, 서점, 다이닝 대관룸, 대형 주차장을 갖추고 있습니다. 카페라기보다 작은 테마파크에 가깝습니다.

　겉모습이 화려한 대형 카페는 맛이 없다는 편견을 깨고 이곳의 빵과 커피는 맛도 훌륭합니다. 오픈과 동시에 사람들 발길이 끊이지 않는 핫한 카페입니다만 주말 아침 오픈런을 한 덕분에 꽤나 여유롭게 빵과 커피를 주문하고 자리를 잡았습니다.

눈과 입이 즐거운 카페에 대해 이런저런 이야기를 나누다가 호기심이 발동해 14살 조카에게 슬쩍 물었습니다.

"넌 빵을 좋아하잖아. 그럼 지금부터 빵집을 준비해 보는 거 어때?"

"글쎄, 좋아하는 건 맞는데 지금 내가 어떻게 해?"

"기록하기만 하면 돼"

고객이 당신의 가게를 찾는 3가지 이유 :
첫 번째, 맛

2009년으로 기억합니다. 압구정에 〈르알래스카〉라는 프랑스식 빵집이 문을 열었습니다. 다니던 학교가 근처에 있어 자주 방문했던 빵집인데요. 가게에 들어서면 '르코르동블루' 졸업증서가 걸려있고 프랑스에서 공수해 온 밀가루 포대가 바닥에 턱턱 쌓여 있었던 기억이 납니다. 믿을만한 보증서(졸업장)와 '빵하면 프랑스'라는 편견이 강하게 작동한 걸까요. 빵이 유난히 맛있었습니다. 이후 가로수길 일대에는 르코르동블루 졸업장이 걸린 빵집을 자주 만날 수 있었는데요. 2004년부터 약 13년

간 압구정/가로수길 부근에서 살았던 경험에 한해 볼 때, 그 일 대 빵집의 빵 맛은 2010년을 경유하여 점차 상향 평준화를 이뤄내지 않았을까 합니다. 가로수길이 우리나라 카페 거리의 시초 격이니 이후에 삼청동, 분당 정자동, 부암동, 경리단길 등등 대한민국 전역으로 유사 콘텐츠와 퀄리티 높은 맛이 전파되었을 것이라는 추론도 해볼 수 있겠습니다. 맛이 상향 평준화되고 SNS 인증 문화가 자리 잡으면서 '맛집'의 경쟁력이 '맛'에 있지 않은 역설적인 시대에 살고 있습니다. 맛은 개인의 주관적 판단에 의존하는 영역이기도 하여 절대적인 경쟁력이 되긴 쉽지 않습니다. 맛은 기본 수준을 유지한다는 전제에서 조심스럽게 잠시 제쳐두고요. 그렇다면 무엇으로 사람들을 '계속' 찾아오게 만들 수 있을까요?

고객이 당신의 가게를 찾는 3가지 이유 :
두 번째, 편의

대형 카페는 면적도 크지만 층고가 높은 것이 특징입니다. 사람은 층고가 낮은 곳에서는 '인지활동'이 촉진되며 층고가 높은 곳에서는 '창의활동'이 촉진됩니다. 이를 대성당 효과라고 합니다. 5일 간 층고가 낮은 사무실과 집에 머물며 답답함을 느낀 사람들은 주말에는 자연 풍경을 보며 자유로움과 편안함을 느끼고 싶은 욕구를 가집니다. 도심 근교의 대형카페는 이러한 고객의 니즈를 해결하는 솔루션입니다. 공간의 규모가 커지면 익명성이 높아지는 효과도 있습니다. 대형 카페는 서너 시간 머물러도 뭐라 하는 사람이 없으니 마음이 편합니다. 이러한 심리적 편안함 외에도 기능적 편의성도 매우 큽니다. 주차가 무료이고 편리하니 차를 타고 이동하는데 부담이 없습니다. 그뿐만 아니라 5인 가족이 가도 너끈히 앉을 수 있는 대형 테이블과 편안한 의자가 있고 반려견을 데리고 갈 수도 있습니다. 수십 가지 빵과 음료가 있으니 눈치 보지 않고 오래 머물면서 끼니를 해결할 수도 있습니다. 이렇게 다 적고 보니, 편의성을 높이는 데는 자본이 많이 필요합니다. 자본을 적게 들이면서도 사람들을 계속 찾아오게 할 수는 없을까요?

고객이 당신의 가게를 찾는 3가지 이유 :
세 번째, 이야기

재밌는 카페 하나를 소개하겠습니다. 2019년에 제주 사계리에 문을 연 〈사계생활〉은 스스로 '콘텐츠 저장소'라고 부르는 카페 겸 복합문화공간입니다. 멀리서 보면 맞게 찾아온 건가 싶을 정도로 카페스러움은 찾아볼 수 없습니다. 익숙한 듯 낯선 이곳은 1996년부터 20년 넘게 〈농협〉으로 사용되던 2층 규모의 건물입니다.

제주에서 다양한 로컬 콘텐츠를 만드는 〈재주상회〉가 연남장을 비롯해 전국에 로컬 공간을 개발하는 〈어반플레이〉와 손잡고 만든 공간입니다. 입구가 재밌습니다. ATM기가 있던 자리에 기계를 빼내고 사람이 출입할 수 있도록 만들었습니다. 이곳을 지나 들어가면 주문하는 곳에는 익히 아는 은행 대기 번호 알림판이 있습니다. 고객이 주문한 음료가 나오면 띵동 하며 번호가 뜨는 방식입니다. 진동벨보다 불편하지만 손님들은 재밌어할 뿐입니다. 이처럼 기존 은행의 공간/기물 중 카페의 사용자 경험에 유사하게 활용될 수 있는 것들은 그대로 남겨두

〈사계생활〉 전경
출처 : 어반플레이 홈페이지

는 방법으로 과거의 이야기를 이어갑니다. 공간 한 편에는 은행 민원 서식지를 넣어두는 곳에 입출금요청서 대신 사계리 여행 지도가 엽서 형태로 들어 있습니다. 사계리의 여행지를 소개하는 것뿐 아닙니다. 로컬 식재료로 다이닝을 선보이기도 하고 지역 작가들의 전시도 열립니다. 이처럼 〈사계생활〉은 사계리와 은행(농협)이 가진 '이야기 유산'을 기반으로 모든 상품과 콘텐츠를 비즈니스에 접목해 전개해 나가는 것이 특징입니다.

산방산 부근에 위치한 사계리는 야트막한 집들이 모여있는 작은 동네입니다. 20년 전, 규모가 컸던 농협 건물은 동네 사람들이 가장 많이 드나들고 마주치고 안부를 묻던 곳이었습니다. 25년이 흘러 이 공간은 거래되는 상품이 금융에서 커피로 바뀌었을 뿐, 이야기는 그대로 이어지고 있는 것입니다.

이야기
유산

이야기를 만들어나가려면 시간이 필요합니다—이야기를 만든다고 다 이야깃거리가 되지 않습니다—만 〈사계생활〉의 사례처럼 이야기가 무궁무진하게 쌓여 있는 공간이라면 그 유산을 잘 이어받으면 오픈하는 날부터 이야깃거리가 될 수도 있습니다(이야기 유산에는 권리금도 없죠). 몇 년간 계속되고 있는 레트로 열풍, 지역의 도시 재생 및 로컬 크리에이터 활성화 사업, 그리고 가깝게는 을지로가 단숨에 힙지로가 된 배경에는 '이야기 유산'이 있습니다.

이야기 유산은 사람에게도 있습니다. 하나의 관심사를 일관되게 꾸준히 파온 사람을 우리는 덕후라고 부릅니다. 십여 년 전만 해도 덕후는 부정적 의미가 강했습니다. 세상과 단절된 골방에 틀어박혀서 돈벌이는 관심 없이 오로지 자신의 세계를 구축해 나가는 외골수처럼 받아들여졌는데요. 최근에는 성공한 덕후가 미디어에 노출되기 시작합니다. 어릴 때부터 PC방만 드나들었던 것 같은 동기인데 억대 연봉을 받는 IT개발자가 주변에 한 둘은 있습니다. 이뿐인가요 평생 레고를 만들면서 온갖 핍박을 들었던 어른아이는 기어코 레고의 제품 디자인을 책임지며 어엿한 경제활동을 합니다. 덕후의 외골수적 '기질'은 이제 세상이 필요로 하는 '역량'이 되어 경제활동으로 이어지거나 관심사의 깊이 자체가 콘텐츠가 되어 미디어의 조명을 받기도 합니다. 돈을 들이면 때깔 좋은 콘텐츠가 나옵니다만 시간을 들이면 복제불가능한 콘텐츠가 나옵니다.

복제불가능한
유산

　"오늘부터 네가 먹고 싶은 빵이 생각나면 그때마다 그림으로 남겨보면 어때? 그림 옆에 재료 이름과 맛의 특징, 날짜도 써보는 거지."

　조카는 거의 매일 빵을 먹으니 사진, 그림, 영상, 글로 기록하는 게 어렵지 않을 것입니다. 몇 년 전부터는 손수 베이킹도 합니다. 조카가 서른에 빵집을 차린다고 하면 16년간 남긴 기록이 5,000여 장이 되고 직접 만들어 본 빵이 약 800(주 1회 베이킹 기준) 개입니다. 창업하기도 전에 책이 서너 권, 레시피는 연구할 필요도 없이 800개 중 '서사를 가진 레시피'를 고르기만 하면 됩니다.

　〈사계생활〉이 은행의 20년짜리 이야기 유산을 물려받았다면 14살의 조카가 30살의 조카에게 16년짜리 이야기 유산을 물려주는 것입니다. 5,000여 개의 기록과 800개의 빵은 창업을 준비하는 각오로 각 잡고 하면 1년 안에도 만들어 낼 수 있을 것입니다. 하지만 이 경우 기록은 쌓이지만 행간의 이야기는 그리 깊지 않습니다. 마케팅의 변수가 빈도와 커버리지라면 브랜딩은 시간과 밀도입니다. 그래서 브랜딩은 시간의 복리 효과를 누립니다. 16년 전 기록과 1년 전 기록은 같은 내용도 값어치가 확연히 다릅니다. 하나의 관심사가 시간의 세례를 받으면 이야기가 되고 이야기가 확장되면 세계관이 됩니다. 앞으로 팔리는 건 제품이 아니라 서사입니다.

세계관으로
초대하다

연희동에 사는 김슬로 님은 평소 러스틱 라이프에 관심이 많으며 최근 베이킹을 시작했습니다. 며칠 전부터 김슬로님의 피드에 뜨는 베이킹 콘텐츠가 있는데 레시피가 독특해 구독을 해둡니다. 콘텐츠에 나오는 그녀는 14살 때부터 빵에 관심이 많아 친구들은 학원 뺑뺑이 돌고 있을 나이에 자기가 좋아하는 일에 꿋꿋이 시간을 쏟았다고 합니다. 그녀가 올린 블로그에는 어린 시절 그림으로 남긴 빵과 그것에 담긴 스토리가 빼곡히 기록되어 있습니다. 빵 레시피도 참고하지만 하지만 그녀의 생각, 선택, 삶의 태도에 김슬로 님은 위로와 대리만족을 얻기도 합니다. 어느 날 그녀가 그동안의 기록을 모은 책을 출간했다는 소식을 알게 됩니다. 책을 구매하고 작은 서점에서 저자와의 대화가 이벤트로 준비되어 있다고 해서 직접 찾아가는 수고도 마다하지 않습니다. 그렇게 수년간 SNS, 블로그, 책으로 그녀의 빵과 라이프스타일을 흠모하던 중, 경기도 외곽의 한적한 마을에 작은 빵집을 연다는 소식이 뜹니다. 이름은 〈고슴도치 빵집〉입니다.

주변에서 흔히 일어나는 일을 김슬로 님이라는 페르소나의 이야기로 엮었습니다. 가상의 결과를 계획으로 바꾸면 아래와 같습니다.

1. **목적**: 베이커리 카페 오픈을 위한 사전 브랜딩
2. **실행기간**: 16년
3. **실행 방법**
   - 콘텐츠: 빵 레시피 연구 과정
   - 채널 : 블로그, 인스타그램 운영 ⇨ 잠재 고객 확대
   - 이벤트 : 출판 및 저자와의 대화 ⇨ 핵심 고객 관계 강화

결과(시나리오)는 그럴듯해 보이는데 계획(계획안)은 16년의 실행기간을 제외하면 어디서 많이 보던 실행 방법들을 엮어놔서 큰 감흥이 없습니다. 대박 아이템이나 세상에 없던 신박한 홍보 방법이 중요한 것이 아니라 하나의 일관된 관심사를 오랜 시간 꾸준히 해나갈 수 있는 자세가 중요하다는 사실을 보여줍니다.

공간 비즈니스는 크게 2가지를 해결해야 합니다. '뭘 만들어서, 어떻게 오게 만들 것인가'입니다. 이것이 공급자 입장에서 실행의 관점으로 생각한 것입니다. 일의 순서 상, 만드는 것이 먼저고 손님을 불러들이는 것을 그다음이기 때문이죠. 이때는 '아이템'이 중요해집니다. 소위 말하는 대박 아이템이 성공의 열쇠처럼 여겨집니다. 그래서 소금빵, 베이글 가게가 우후죽순 생겼다가 사라지기를 반복하곤 합니다. 고객은 일의 순서에 아무런 관심이 없으니 해결할 2가지 문장의 순서를 바꿔 보겠습니다. '누구를 오게 하기 위해 무엇을 만들 것인가.' 문장에 인과관계가 생기고 아이템보다 고객이 '와야 할 이유 Reason Why'가 중요해집니다.

김슬로 님은 조카가 문을 연 빵집에 '가야 할 이유 Reason Why'가 명확합니다. 수년간 팔로우하며 조카의 서사와 세계관을 동경하기 때문에 방문합니다. 빵 맛도 궁금할 텐데 그건 명분이겠고요.

자, 이제 돈을 태워 SNS에 (끄면 사라져버릴) 마케팅을 해야 할 필요가 있을까요? 어딘가에서 조용히 조카를 팔로우하고 있는 김슬로 님'들'을 초대하면 될 일입니다. 그러니까 자신의 세계관으로 초대하는 것이 곧 마케팅인 셈이죠.

필요, 이유
그리고 명분

조카는 문득 빵이 먹고 싶어지면 엄마에게 빵을 구워달라고 합니다. 조카의 니즈를 충족시켜 줄 사람은 엄마가 유일합니다. 가장 맛있는 빵을 무료로 편리하게 제공하기 때문이죠. 어른이 되면 아마도 엄마대신에 빵집에게, 요청이 아니라 구매를 하게 될 텐데요. 필요가 있어 구매를 하게 되는 것이죠. 근데 집밖으로 나오면 선택지가 매우 다양합니다. 빵집이 다양한 것뿐 아니라 배고픔을 해결할 수단이 무한대로 늘어납니다. 무엇보다 중요한 건 먹어야 할 이유도 다양해진다는 사실입니다.

배고파서, 카페에서 친구를 만나려고, 스트레스받아서, SNS 하다가 예뻐 보여서, 아는 분 집에 가는데 빈손으로 가기 뭐해서… 등등 돈 쓸 이유가 무궁무진한 세상에 던져집니다. 이때는 이유가 있어 구매를 하게 됩니다. 필요가 있어 구매할 때는 상품이 중요한데 이유가 있어 구매할 때 상품은 단지 명분에 불과합니다. 예를 들면 시발비용이 그렇습니다.

빵집이니까 마땅히 빵을 팝니다만 김슬로 님은 조카의 세계관에 초대받고 싶어서 빵집을 방문하는 것이고 빵은 30살의 조카와 김슬로 님을 연결하는 구실을 할 뿐입니다. 빵이 중요하지 않다는 의미는 아닙니다. 14살 때부터 빵이 좋아서 시작한 일이고 시간이 지나면서 애착도 기술도 쌓여 누구보다 잘 만든다는 자부심도 생길 것입니다. 그건 그것대로 잘해야 하지만 아쉽게도 세상에는 조카보다 더 맛있는 빵을 만드는 사람도, 더 멋진 공간도, 더 싸게 파는 가게도 많을 것이 분명합니다. 하지만 14살 때부터 기록해 온 조카의 서사는 세상에서 계속 유일하며 값어치를 고객이 스스로 매겨 먼 길 마다하지 않고 찾아오게 하는 강력한 무기입니다. 따라서 조카가 팔아야 하는 건 빵이 아니라 16년 간 복리로 불어난 가치인 자신만의 고유한 세계관 Universe이자 서사 Narrative입니다.

4장
이슈 크리틱 편

|

1. 곰표맥주의 흥망성쇠로 본 콜라보레이션의 성공조건

환상 vs.
환장의 콜라보

우리나라 맥주, 아니 술 역사의 한 획을 그은 맥주가 있습니다. '곰표맥주'인데요. 하이네켄, 칭따오, 카스와 같이 우리가 흔히 아는 대부분의 맥주는 제조사가 제품의 IP를 소유하고 있습니다. 이것이 너무 당연한 것처럼 들리지만 곰표맥주의 탄생 배경은 조금 다릅니다. 제조사가 제품을 만들고 유통사를 통해 판매하는 일반적 사례와는 달리 처음부터 IP사, 제조사, 유통사가 합작하여 개발한 조금 특이한 맥주입니다.

대한제분은 레트로 열풍과 이전의 콜라보 성공 경험으로 '곰표'라는 플랫폼 보유하게 되면서 자사의 IP를 입힐 차기 제품을 찾고 있었습니다. 제조사인 세븐브로이는 1세대 수제맥주 회사로 제조/생산은 가능하지만 대중적 브랜드 인지도가 다소 아쉬웠고 유통사인 CU는 엎치락뒤치락하며 GS25와 편의점 매출 1위 경쟁하다 보니 히트 상품이 필요했습니다. 비즈니스 관점에서만 보면 '환상의 콜라보'라 할 만하고 맥주에 진심인 사람들이 보자면 '환장의 콜라보'가 아닐까 합니다. 맥주라는 술 자체가 워낙 오랜 역사를 지닌 만큼 수백 년의 역사를 가진 맥주 브랜드가 즐비한 현대 맥주 시장에서 고작 3년 차인 곰표맥주는 어떻게 역사에 족적을 남길 수 있었을까요.

곰표맥주의
족적

수제맥주 시장의 폭발적인 성장을 견인한 것은 2019년에 시행된 주세법의 개정입니다. 대량생산을 하는 대기업/글로벌 기업의 맥주에 비해 소규모 양조장에서 만드는 수제맥주는 가격 경쟁력을 갖기 어려웠고 엎친데 덮친 격으로 기존 주세법이 가격에 따라 세금을 매기니 수제맥주는 더 비싼 가격에 출고될 수밖에 없었습니다. 하지만 주세법이 개정되면서 '가격'에 세금을 매기던 것을 '용량'으로 바꾸면서 수제맥주의 출고가가 낮아지게 됩니다. 가격 경쟁력을 갖춘 수제맥주가, 우리나라만의 독특한 맥주 판매 형태인 '4캔 만원'에 포함되면서 대기업 맥주와 함께 경쟁하는 기반이 마련됩니다. 그리고 우리가 잘 알듯, 코로나19가 전세계를 휩쓸면서 홈술문화가 퍼졌고 수제맥주는 2014년 총 매출액 164억 원에서 2022년 1,520억 원으로 7년 새 10배가량 성장합니다. 부랴 부랴 대기업도 자체 공장에서 수제맥주 OEM을 할 정도였으니 당시 수제맥주의 장밋빛 미래는 누구도 믿어 의심치 않았습니다.

카스, 하이트가 전부인 줄 알았던 세상에 다양성의 축복이 내립니다. 160여 개의 크래프트맥주 양조장에서 로컬의 기치를 내건 수제맥주가 연이어 시장에 선보입니다. 우리나라 맥주 시장은 라거 시장이라고 할 정도로 단조롭다 보니 업계 관계자나 맥주 전문가 사이에서는 수제맥주의 등장을 '라거에서 에일로의 확장'이라는 조금은 거창한 아젠다를 도출하기도 했습니다. 소비자에게 라거가 아닌 다양한 '맛'의 선택지를 제공했다는 사실은 의미가 있지만 과연 대중 소비자가 수제맥주의 '맛'에 매료되었던 것일까요?

2020년 5월, 한창 뜨겁게 달아오르던 맥주시장에 곰표맥주가 등장합니다. 그리고 출시 이듬해 곰표맥주는 우리나라 맥주 시장에서 최초로 대기업 제조사의 맥주 판매량을 넘어선 첫 번째 맥주가 됩니다. 야구는 투수놀음이라지만 투수가 제 아무리 잘 던져도 만들 수 있는 최고의 결과는 무승부입니다. 수제맥주 시장에 투수로 등장한 곰표맥주를 승리로 이끈 두 조력자가 있습니다. 첫 번째 조력자는 코로나입니다. 코로나로 인한 홈술문화의 급속한 확산이 아니었다면 곰표맥주가 역사를 바꾸긴 어려웠을 것입니다. 두 번째 조력자는 배우 서지혜 님입니다. 지금도 인기리에 방영되고는 있지만 코로나 시기의 〈나 혼자 산다〉는 자가격리에 시달리던 대중들과 연대감/동질감을 자아내며 큰 반향을 불러일으켰습니다. 집에만 머물러야 하는 대중에게 서지혜 님은 하나의 재밌는 놀이를 의도치 않게 던져줍니다. 곰표맥주 재고가 있는 편의점을 보물찾기 하듯 찾아다니는 놀이입니다. 곰표맥주의 품귀현상은 조삼모사 같은 한정판 마케팅이 아니라 실제로 생산이 수요를 못 따라가서 생긴 해프닝이었습니다. 이 방송 이후 소비자의 곰표맥주 찾아 편의점 도장 깨기가 들불처럼 번져나갑니다. 곰표맥주 만큼이나 PPL역사에 남을만한 마케팅이 아니었나 싶습니다. 이처럼 당시 코로나라는 특수한 시장상황과 PPL마케팅의 성공에 힘입어 곰표맥주는 출시 3년 만에 무려 5,800만 캔을 팔아치웁니다. 흔히 콜라보 제품들이 1년도 안돼서 사라지는 것을 생각하면 요즘 주춤하긴 하지만 3년간 팔리고 있다는 것도 대단한 성과입니다.

한편, 곰표맥주의 성공에 고무된 수제맥주 시장이 점점 기이하게 흘러갑니다. 커져가던 수제맥주 시장이 곰표맥주의 등장과 성공으로 '콜라보맥주' 시장으로 변해가기 시작한 것입니다. 수제맥주 1세대인 제조사 '세븐브로이' 보다는 곰표와 CU가 부각되면서 '콜라보'라는 프레임이 만들어집니다. 상황이 이렇게 되자 잊혀졌던 라떼 브랜드들이 '콜라보'라는 시대적 소명과 유통사의 러브콜에 하나 둘 되살아 나기 시작합니다. 말표, 백양, 금성, 쥬시후레시, 스피아민트 등 제 옷을 입고 한 시대를 풍미했던 브랜드가 맥주라는 점 하나를 찍고 출시됩니다. 2019년 출시된 수제맥주가 16개이던 것이 2021년 한 해에만 64종이 출시되었으니 당시 편의점에는 갈 때마다 새로운 맥주를 볼 수 있었습니다.

시장의 경쟁이 한창 격화되던 때, 시장조사차 불특정 맥주 소비자를 대상으로 블라인드 테스트를 진행한 적이 있습니다. 당시 소비자는 자신이 가장 자주 마시는 제품을 찾아내는 것에 어려움을 겪었을 뿐 아니라 맥주의 스타일에 대해 정확히 알고 있는 경우도 드물었습니다. 아쉽게도, 소비자는 장인 정신, 로컬리티, 맛의 다양성과 같은 수제맥주 본연의 가치에 소구 되었던 것이 아니라 매번 새로운 맥주를 골라 먹는 재미에 빠져있었던 것입니다.

맛 vs.
비주얼 vs. OO?

2023년 대한제분이 3년 만에 곰표맥주 제조사를 변경하기로 합니다. 제조사였던 세븐브로이와 상표 사용권 계약을 종료하고 다른 제조사를 찾아 나선 것입니다. 시장에 워낙 큰 반향을 일으킨 제품이다 보니 누가 다음 제조사가 될 것인지 이목이 쏠렸습니다. 결국 수제맥주 기업 최초로 상장에 성공한 제주맥주가 곰표의 '선택'을 받게 되면서 '곰표맥주' 쟁탈전은 일단락이 되었습니다. 그리고 여기 재밌는 실험이 벌어집니다. 곰표를 잃은 세븐브로이는 이름 한 글자를 바꿔 '대표 맥주'를 내놓습니다. 세븐브로이 관계자는 곰표맥주가 3년이라는 오랜 시간 사랑받은 것은 '맛'으로 소비자의 선택을 받았다는 방증이라며 맛을 그대로 유지하면 소비자의 선택을 받을 수 있을 것이라 자신합니다. 곰표를 얻은 제주맥주는 밀맥아의 함량을 높이고 복숭아 퓌레를 첨가하는 등 맛의 변화를 주고 외형은 원래의 모습 그대로 명성을 이어가고자 합니다. 맛을 유지하고 비주얼과 이름을 바꾼 대표맥주, 맛을 바꾸고 비주얼과 이름을 유지한 곰표맥주, 아직 결말을 내긴 섣부르지만 중간 정산을 하자면 23년 2분기 세븐브로이는 적자전환, 제주맥주는 적자폭이 확대되었습니다. 과연 소비자는 왜 곰표맥주를 마신 걸까요?

성공하는 콜라보의
4가지 조건

대표맥주와 곰표맥주가 본의 아니게 벌이는 실험을 보고 있자면, 변수 값이 맛도 비주얼(컬러/네이밍/캐릭터)도 아닌 것 같다는 생각이 듭니다. 앞서 태생이 조금 다른 곰표맥주라고 말씀드렸는데요. 100년도 넘은 하이네켄과 같은 유서 깊은(?) 맥주와 달리 콜라보 맥주는 흥망성쇠 하는 특수한 조건과 이에 영향을 받는 유통기한이 존재합니다. 콜라보 맥주 시장의 짧고 강렬한 변화를 목격하며 성공하는 콜라보가 가져야 할 4가지 조건을 발견할 수 있었습니다.

첫째, 유사성 또는 동일성입니다. 콜라보 맥주가 한창 난립하던 때 선을 넘은 맥주들이 등장하기 시작했습니다. 유동골뱅이, 진라거, 2080맥주 등이 그에 해당합니다. 콜라보레이션은 아이덴티티의 유사성이나 동일성이 결합의 명분입니다. 곰표와 맥주는 밀이라는 원재료의 동일성을 지녔기 때문에 소위말해 말이 되는 콜라보입니다. 수제맥주 시장이 커지면서 보리맥아로 만든 맥주 외에도 밀맥주라는 선택지가 시장에 나타났고 밀을 매개로 하여, 밀가루를 만들던 곰표의 아이덴티티와 밀맥주의 주원료인 밀맥아의 교집합이 마련된 것입니다. 예를 들어 치약 브랜드인 2080은 콜라보 맥주를 출시하며 쿨함이라는 유사성을 내세웠습니다. 말이 안 되는 것은 아니지만, 소비자는 치약이라는 의약(외)품과 맥주라는 식품을 기꺼이 연결 짓고 싶어하지 않을 것 같습니다. 뒤에 언급하겠지만, 유사성은 차치하고 의외성만 좇은 결과입니다.

둘째, 시의성입니다. 을지로에서 만개한 레트로 열풍은 잔불이 아직 남아 수 년째 명맥을 잇고 있습니다. 곰표는 70년의 역사를 가진 브랜드이며 네이밍 또한 당시 유행한 작명법('표'자 돌림)을 따랐습니다. 히스토리와 비주얼 모두 '레트로'라고 하기에 부족함이 없습니다. 곰표의 이러한 속성이 오늘날 레트로 트렌드와 만나 성공적인 결과를 낼 수 있었습니다. 재밌는 사실은 곰표 콜라보가 대한제분이라는 회사 내부에서 시작된 것이 아니라 익명의 한 사람이 흰 티셔츠에 곰표를 크게 새긴 옷을 제작해 인터넷에 올렸고 대한제분의 내부 직원이 발견하면서 이 사달이 났다고 합니다. 그나마 상표 무단도용으로 고발을 하는 대신 기회로 봤으니 얼마나 다행인가요. 레트로 트렌드를 향유하고자 한 소비자의 자발적 시도가 오늘날의 콜라보 플랫폼 '곰표'를 만든 셈입니다.

셋째, 희소성입니다. 콜라보는 기업의 마케팅 활동 성격이 강합니다. 그래서 기간을 제한하거나 제품 수량을 제한하는 등 일정 기간 내 최대의 임팩트를 내야 합니다. 스타와 명품 브랜드의 콜라보에서 보듯 대부분 한정 수량을 제작함으로써 소유욕과 인증욕구를 더욱 부추깁니다. 곰표의 성공에도 희소성이 큰 몫을 했습니다. 명품 콜라보와 다른 점이라면 의도하지 않았다는 것이죠. 그래서 더 소비자는 안달이 났던 걸까요. 공급보다 수요가 커지면서 품귀현상이 빚어졌고 앞서 언급했듯, 서지혜님처럼 편의점 도장 깨기 밈이 출현하게 된 것입니다.

마지막이자 가장 중요한 조건은 의외성입니다. 우리가 익숙한 콜라보레이션 공식은 OOxOO입니다. 구찌x아디다스, GD×나이키와 같은 식입니다. 각각의 브랜드 고객을 쉐어 하기 위한 콜라보로 해당 브랜드 고객에게 소구하여 기대감을 갖게 하는 것이 특징입니다. 곰표 패딩은 곰표의 상대 브랜드인 패딩 브랜드가 중요하지 않습니다. 여기서 핵심은 맥락 없는 '의외성'입니다. MZ를 표상하는 '어쩔TV저쩔냉장고'와 같은 무맥락 아무 말이 주는 재미가 포인트입니다. 패딩이 밀가루 상표를 버젓이 달고 있으니 꽤나 의외죠. 속성을 들여다보면 두툼한 다운 패딩이 밀가루 포대와 형태적/시각적으로 닮아(유사성) 있습니다. 이 콜라보의 성공으로 곰표는 '흰색 or 밀'이라는 아이덴티티를 가진 제품과 결합했을 때 의외의 재미를 줄 수 있다는 자신감을 갖게 됩니다. '곰표is뭔들'의 조짐이 보이기 시작한 것이죠. 의외성은 시간이 지날수록 재미의 감가상각이 일어난다는 특징도 있습니다.

이 4가지의 조건에 비추어 2023년의 곰표맥주를 보자면 첫 번째인 유사성은 제품이 존재하는 한 유지됩니다. 다만 출시 초기의 품귀현상에 편의점 도장 깨기 까지 유행하게 만들었던 희소성은 이제 어딜 가나 구할 수 있게 되면서 사라져 버렸습니다. 레트로라는 시의성도 점차 하락세에 있어 대세를 바꿀 만큼 핫한 트렌드는 아닙니다. 남은 것은 의외성인데 앞서 설명했듯, 재미의 감가상각이 3년째 일어나고 있습니다. 그나마 3년이나 지속된 것은 앞서 설명한 성공하는 콜라보레이션의 모든 필수 조건이 잘 들어맞았기 때문이 아닐까 합니다.

성공하는 콜라보의 필수 조건

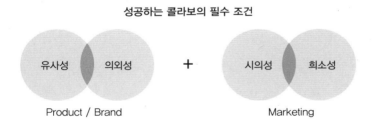

콜라보가 성공하기 위해서는 유사성, 의외성, 시의성, 희소성의 4가지 조건이 충족되어야 합니다. 먼저 두 브랜드의 아이덴티티의 유사성을 기반으로 의외성을 확보한 제품 또는 브랜드를 만드는 것이 필요합니다. 여기에 더해 트렌드(시의성)에 맞

는 커뮤니케이션과 고객의 구매/소장 욕구를 자극하는 마케팅
이 뒷받침된다면 제 2의 곰표맥주도 가능할 것입니다.

2. 10억짜리 팝업스토어를 살린 예약

21년도에 팝업스토어 프로젝트의 기획과 PM을 맡아 진행한 적이 있습니다. 하루 대관료만 수백만 원, 각종 운영과 홍보 비용을 더하면 하루에 2,000~3,000만 원이 사라지는 큰 규모의 프로젝트라 부담감이 컸습니다. 팝업스토어는 높은 대관료와 행사가 종료되면 사라질 인테리어에 큰 비용을 사용하기 때문에 오픈 첫 주에 얼마나 많은 고객을 불러들일 수 있는지가 프로젝트의 성패를 결정합니다. 콘텐츠가 좋으면 사람들이 어떻게든 알아내서 찾아오지만 상설로 운영되는 일반적인 가게와는 달리 팝업스토어는 좋은 공간 콘텐츠를 만들어 오가닉 바이럴만으로 단기간 많은 방문객을 기대하기는 어렵습니다. 1차 방문 고객의 바이럴이 다음 고객을 불러들이는데 걸리는 리드타임이 아주 짧게 잡아도 5일 이상입니다. 주말에 다녀와서 친구에게 추천한다면, 그 친구도 이번 주말에나 가볼 수 있을 것입니다.

　오픈 첫 날 부터 방문객을 안정적으로 확보하기 위해 한 달간의 팝업스토어 운영 기간 중 오픈 첫 4일(월화수목)에 한 해 사전 예약을 받기로 합니다. 이 기간에 사람이 몰려 '줄 서는 팝업스토어'라는 바이럴이 만들어지면 다음 주부터는 소위 말하는 오픈 빨로 아름답게 마무리 될 수 있을 것이라 생각한 것입니다. 사전 예약을 오픈한 지 5일 만에 목표 방문객 대비 3.5배수의 예약 신청을 받았습니다. 사전 신청자가 이 정도로 몰릴 것이라 예상치 못한 터라 부득이 시간대별로 수용 가능한 인원만 선착순으로 예약을 확정 하고 나머지 2.5 배수의 인원에게는 양해의 문자를 보내야 했습니다. 담당자 입장에서는 행복한 상황이지만요.

　미리 예약을 받아 둔 수천명의 든든한 고객 덕분에 가벼운

마음으로 오픈 날을 맞았습니다. 기대했던 오픈런이 벌어졌고 줄을 선지 1시간 반이 지나서야 겨우 입장을 할 수 있을 정도로 문전성시를 이뤘습니다. 야속한 비는 내리고 미숙한 운영이 겹쳐 줄을 선 고객에게 연신 죄송한 말씀을 드려야 했지만 대기줄을 떠나는 고객은 없었습니다.

위기의
팝업스토어

사전 예약자 방문이 종료된 다음 날 방문객의 발길이 거짓말처럼 뚝 끊깁니다. 주말인데도 불구하고 같은 곳이 맞나 싶을 정도로 텅 비어 버렸습니다. 손을 놓고 있을 수는 없어서 팝업스토어 바로 앞 길목에 나가 브로셔를 나눠주며 모객을 시작했습니다.

길에서 만난 고객은 다른 약속이 있거나, 브랜드를 그다지 좋아하지 않거나/모르거나, 우리가 제공하는 콘텐츠에 관심이 없는 분들이 열에 아홉명이었고 나머지 10% 정도의 사람들만이 약간의 관심을 보였습니다. 그마저도 입장한지 10분도 채

팝업 스토어 오픈 당일의 모습
출처 : 이광석

되지 않아 퇴장해버리고 맙니다. 한번 구경이나 해볼까 정도로 가게 문 턱을 넘은 것입니다. 길 가는 사람들을 붙잡고 '가보고 싶도록 만드는 것'은 거의 불가능하다는 생각이 들었습니다.

해당 입지 주변의 유동인구는 18만 명/일입니다. 덕분에 기대감을 갖고 대관 계약을 했습니다. 이 숫자를 기반으로 (부풀려져 있을 것이라 가정하여) 최대한 보수적으로 워크 인 방문자 수를 추정했으나 말도 안 되게 빗나갔습니다. 어제 까지만 해도 1시간 반가량 서서 대기할 정도로 열정적이었던 고객이 180도 변해버렸습니다. 정확히는 변화시키지 못한 고객을 맞닥뜨린 것입니다. 콘텐츠는 그대로인데 눈길 조차 주지 않는 이 현상을 무엇으로 설명해야 할지 고민하다가 새벽께 집으로 돌아와 운영 변경안을 한 페이지에 다급하게 정리해서 의사결정권자에게 보고했던 기억이 납니다. 아래는 그때의 문서에 있던 내용입니다.

- 코로나 이후 예약문화 일반화 ⇨ 저녁 시간(특히나 불금이나 주말)에 예약 없이 유명 상권에 오지 않음
- 예약은 사전 기대감을 갖게 하여 핫플이라고 믿게 하며 1시간이라도 기다릴 수 있게 하는 동기가 되며 바이럴도

- 코로나 이후 예약문화 일반화 ⇨ 저녁 시간(특히나 불금이나 주말)에 예약 없이 유명 상권에 오지 않음
- 예약은 사전 기대감을 갖게 하여 핫플이라고 믿게 하며 1시간이라도 기다릴 수 있게 하는 동기가 되며 바이럴도 만들어 냄
- 예약은 귀한 저녁시간을 망치고 싶지 않은 최소한의 안전장치이며 우리나라 사람들은 안전한 선택을 선호함.
- 기대감이 없이 온 워크인 고객은 구매, 인증, 만족감으로 이어지지 않음(퇴장한 고객)
- 따라서 운영 전일 예약제로 전환할 필요가 있음

다음 날, 팝업스토어를 전일 예약제로 전환했고 다행스럽게도 다시, 팝업스토어 앞에 고객이 줄을 서기 시작했습니다. 같은 콘텐츠를 두고 전혀 다른 고객을 만든 것은 오로지 하나의 변수, 예약이었던 것입니다.

안전한 시간을
약속하는 예약

방문객이 뚝 끊겼던 첫날 현장 모객을 할 때, 건네는 브로셔를 마다하며 고객이 이런 말을 했습니다.

"죄송하지만 예약해 둔 곳이 있어요."

코로나 이전, 예약제 방문은 고급 레스토랑에서나 운영했었습니다만 코로나 이후로는 대부분의 식당에 예약 문화가 정착되어 가고 있습니다. 가게 입장에서 (노쇼가 없다면) 예약 문화는 환영할 일입니다. 하루의 방문객을 가늠하고 나아가 목표 고객을 사전에 확보한다면 식자재 폐기, 파트타임 인력 낭비 등의 고정비를 줄일 수 있습니다. 절감된 비용으로 메뉴, 공간, 서비스에 재투자가 일어나면 고객의 만족도는 올라가 선순환 구조가 만들어집니다. 이렇게 서로에게 좋은 예약제가 자리잡지 못한 이유는 고객이 예약으로 얻는 당장의 이득이 없었기 때문입니다. 그냥 방문해도 입장할 수 있는 곳에 굳이 번거로운 예약의 과정을 추가할 이유가 없습니다. 수요자의 니즈없이 공급자의 니즈만으로 문화가 만들어지기는 어렵습니다만 코로나 시기를 거치면서 어렵사리 대면 만남을 하는 시간을 안전하게 보내고 싶은 고객의 심리가 예약 절차의 번거로움을 넘어서면서 예약 문화가 자리 잡아가게 된 것입니다.

이제 유동인구가 많은 유명 상권이라면 예약은 필수입니다. 불금 또는 주말의 귀한 시간에 식당을 찾아 헤매는 불상사는 일어나서는 안되기 때문입니다. 예약의 필요성과 베네핏을 경험해 버린 고객의 관성을 되돌리기는 어렵습니다. 이제 고객은 식당에 방문하기 전에 이미 공간 분위기, 평판 심지어 주문할 메뉴까지 모두 결정하고 싶어 합니다. '예약 문화가 정착되어 가므로 예약제를 운영해야 한다.'라는 명제는 일견 동의할 수 있지만 팝업스토어에서 맞닥뜨린 180도 변한 고객의 모습을 설명하지는 못합니다. 같은 공간을 두고 왜 예약을 한 고객은 비 오는 날 1시간 반을 기다릴 만큼 열성적이고 길가는 고객은 그토록 무심했던 걸까요.

유명한
팝업스토어

맛있는데 처음 보는 곳보다 맛없어도 유명한 곳에 손님이 더 많습니다. 고객은 직접 눈으로 확인한 정보보다 사람들의 평판과 추천을 더 신뢰하는 경향이 있습니다. 조금 다르게 표현하면 내 판단보다 다수의 판단을 신뢰합니다. 예약은 다수의 판단을 확인할 수 있도록 해줍니다. 고객은 인스타그램에서 게시물을 발견하고 들어가 좋아요 숫자나 댓글에서 사람들의 후기나 기대감을 확인합니다. 그리고 댓글에 친구를 태그 하거나 "여기 엄청 핫한가 봐"라며 취향이 비슷한 친구에게 DM을 보내 같이 가자고 말합니다(당시 예약자 1명당 동반 2인까지 가능하도록 했습니다.).

이렇게 평판을 확인하고 유명한 곳이라는 믿음을 가진 고객은 길 가다 우연히 발견하거나, 일면식 없는 스텝에게 모객을 당한 고객보다 훨씬 로열티가 높습니다. 쉽게 말해, 열정적인 고객을 불러들이려면 유명하다는 믿음이 필요한데 예약의 과정이 이것을 가능하게 하는 것입니다. 물론 온라인상의 평점이나 댓글이 좋아야 하겠습니다.

긍정주의자
효과

여기에 한 가지 더, 고객은 자신이 검증하고 선택(예약)한 곳을 그렇지 않은 곳보다 더 좋아합니다. 하버드 대학교에서 실시한 '선택'에 관한 연구가 있습니다. 이 연구에서는 참가자들에게 몇 장의 그림을 한꺼번에 보여주고 선호도에 따라 순위를 매기도록 했습니다. 그런 다음 그림을 두 개씩 보여주며 둘 중 어느 그림을 자신의 집에 걸고 싶은지 물었습니다. 그리고 참가자들에게 그림의 순위를 다시 매기게 했습니다. 자기 집에 걸고 싶다고 선택했던 그림의 순위는 처음보다 올라갔고, 집에 걸지 않겠다고 말한 그림의 순위는 내려갔습니다. 우리는 단지 좋아하는 것을 선택하기만 하는 것이 아니라, 자신이 선택한 것을 좋아하기도 한다는 결과를 보여주는 연구 결과입니다.

예약에 성공한 고객은 긍정주의자가 되어 나타납니다. 비가 와도 인내심을 갖고 기다리며 방문한 업장에 손님이 없어도 오늘만 유독 사람이 없어서 좋을 수 있고 낡고 기우뚱한 테이블을 보며 힙하다고 느낄지도 모릅니다. 내가 선택한 것을 좋아하기 때문입니다.

예약은 시간을 허비하지 않도록 하는 안전장치가 되어주며 가게의 평판을 확인할 수 있도록 합니다. 평판이 좋고 유명한 곳이라면 고객은 방문도 하기 전에, 음식을 맛보기도 전에 이미 긍정주의자가 되어 나타날 것입니다.

3. 로컬을 살리는 브랜딩

로컬크리에이터의
목적

　도시가 사라지고 있습니다. 우리나라의 인구소멸위험지역*
은 전국지자체 중 약 50%에 달합니다. 앞으로의 전망도 좋지
않습니다. 2023년도 3분기 합계 출생률이 역대 최저이자 0.7
에 턱걸이하면서 전 세계에서 가장 낮은 출생률을 기록하고 있

---

* 소멸위험지수가 0.5이상인 지역으로 65세 이상 인구가 20~39세 여성보다 2배 이
상인 곳을 의미

습니다. 낮아지는 합계 출생률과 해묵은 수도권 편중화 현상을 고려하면 인구소멸위험지역은 더욱 증가할 것으로 보입니다.

지역에 청년 인구를 유입하고 유지하는 수단으로 2015년부터 로컬크리에이터가 매체와 입에 많이 오르기 시작합니다. 지역혁신가, 지역청년창업가, 로컬창업가 등 관련 사업을 주관하는 기관마다 다양한 이름으로 불리다가 2020년 중소벤처기업부가 '로컬크리에이터 활성화 지원 사업'을 시작하면서 로컬크리에이터로 명칭이 자연스럽게 통폐합되었습니다. 소위 말하

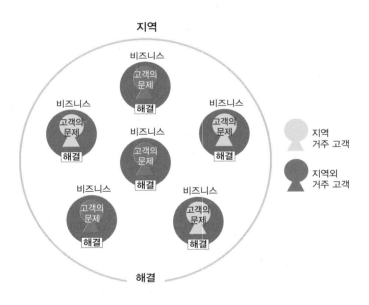

는 '로컬 씬'은 공공이 주도하고 정부 자금이 창업의 마중물이 되다 보니 공익적 색채가 짙습니다. 기관이 추진하는 지원사업에는 '지역 자원을 활용하여', '지역을 활성화하기 위한'이라는 단서가 빠짐없이 붙습니다. 이것이 단서에 그치지 않고 추진의 과정에서 사업의 목적으로 바뀌면 비즈니스의 본질과 충돌이 일어나기도 합니다. 로컬의 창업자는 고객의 문제보다 지역의 문제에 더 관심을 갖거나 회사의 이익보다 지역의 가치를 창출하는 것을 우선시하기도 합니다. 그 결과, 지원금이 떨어지면 회사의 운영에 어려움을 겪는 사례가 빈번합니다. 지역을 살리는 것은 관료의 일이고 회사를 살리는 것이 창업자의 일입니다.

창업자는 고객의 문제를 해결함으로써 지속가능한 수익 모델을 만듭니다. 이를 위해 지역 내/외에 있는 인재를 채용해야 하고 지역에 사는 또는 멀리 타 지역에 사는 고객이 찾아오게 될 것입니다. 사업의 목적과 대상을 '고객'으로 좁혀도 로컬크리에이터의 목적인 인구가 유입되고 이탈을 방지할 수 있게 되는 셈입니다.

로컬크리에이터의
일

  로컬의 창업자는 카페, 양조장, 게스트하우스, 책방, 기념품샵과 같은 공간 비즈니스를 선택하는 경우가 많습니다. 지역에는 유휴 공간이 많고 임대료가 비교적 저렴합니다. 또한 해당 지역에 살고 있는 청년 인구의 이탈을 줄이고 관광객을 유치할 수 있어 정부의 지원금을 유치하기에도 좋습니다.

  이러한 공간 비즈니스는 전문성이 충분히 갖춰져 있지 않더라도 창업을 할 수 있어 진입장벽이 비교적 낮은 편인데요. 경쟁 우위, 나아가서는 비즈니스의 확장을 생각할 때, 브랜딩은 창업자의 좋은 무기가 될 수 있습니다. 고객도 맛이나 서비스의 퀄리티보다는 공간의 감도나 스토리의 밀도에 더 빠르게 반응하니 브랜딩을 하지 않을 이유가 없습니다. 따라서 로컬 비즈니스는 브랜드 비즈니스라고 해도 과언이 아닙니다.

  요즘 로컬씬에서는 로컬 브랜딩이 주목을 받습니다. 관련된 서적과 양질의 교육 프로그램도 많아지는 추세입니다. 로컬 브랜딩이라는 용어는 지역 브랜딩과 지역 비즈니스 브랜딩에 모두 사용되고 있어 구분을 할 필요가 있습니다.

예를 들면 커피의 도시 강릉은 지역을 브랜딩 한 것이고 테라로사는 지역의 비즈니스를 브랜딩 한 것입니다. 정책이나 도시를 연구하는 사람들은 전자, 비즈니스 관련자는 후자에 의미를 두고 사용하는데 앞서 말씀드렸다시피 공공의 자금이 로컬비즈니스를 견인하다보니 하나의 용어를 따로 또 같이 쓰이고 있습니다. 이 글에서는 지역 비즈니스 브랜딩에 한 해 살펴보겠습니다.

브랜딩이 제품이나 서비스의 고유한 '가치'를 고객에게 전달하는 것이라면 로컬 브랜딩은 고유한 '지역의 가치'를 고객에게 전달하는 것이라고 할 수 있습니다. 한편 지역의 가치가 담긴 자원은 전통, 역사, 과거에 있었던 생활 방식, 과거부터 재배해 온 작물 등 대부분 과거형과 과거진행형인 경우가 대부분입니다. 따라서 지금을 사는 고객과 소통하기 위해서는 고유한 지역자원(지역성)을 찾아 현재진행형(동시대성)으로 바꾸는 것이 로컬 브랜딩의 핵심이라고 할 수 있습니다.

로컬 브랜딩이란

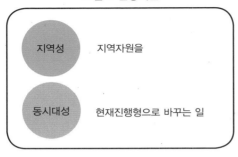

로컬 브랜딩의 첫 단추는 지역 자원의 발굴입니다. 고유하되 대표성이 높을수록 고객 인지와 차별화에 유리합니다. 지역자원 중 가장 광범위하게 활용되는 원물과 역사/문화로 나누어 특징과 활용법을 살펴보겠습니다.

지역 자원
원물

원물은 제품에 직접적으로 사용되기 때문에 직관적이고 쉽다는 장점이 있는 소재입니다. 제주도, 사과하면 충주, 감자는 강원도처럼 우리는 지역을 언급할 때 주요 작물과 연결 지어 이야기하곤 합니다. 기후, 입지, 토양에 따라 지역마다 차이가 분명하여 브랜드의 차별화를 보여주기 좋고 작물의 대표성이 높다면 고객에게 보다 쉽게 설득이 가능합니다.

제주맥주는 제주라는 지역이 가지는 대표적인 지역자원인 귤과 깨끗한 물—이라는 믿음—을 브랜드와 제품으로 잘 풀어낸 사례라고 할 수 있습니다. 맥주의 4대 원료 중 하나이자 로컬 맥주의 차이를 만드는 요소로 '물'은 매우 중요합니다. 제주맥주를 마시는 사람들은 '제주에서 만든 맥주'이기 때문에 깨끗한 물로 만들었을 것이라는 '믿음'을 갖습니다. 여기에 더해, 귤 국이라고 불릴 만큼 제주 하면 귤을 떼어 놓을 수 없는데요. 제주맥주는 맥주에 귤을 첨가한다거나 회사명에 아예 제주맥주라는 도시명을 사용하여 사람들이 이미 제주에 대해 갖고 있는 긍정적 이미지와 고유성을 브랜드에 잘 이식한 사례입니다.

〈감자밭〉은 강원도의 대표적인 로컬 브랜드 중 하나입니다.
"우리한테 있는 거라곤 감자뿐이니 감자로 승부를 보자, 했죠. 강원도 하면 감자잖아요." _ 〈감자밭〉 이미소 대표 인터뷰 내용 중
'강원도 하면 감자'로 시작한 베이커리 카페 사업은 이제 연

매출 200억 원이 넘는 중소기업으로 성장했습니다. 그 중심에는 감자빵이 있습니다. 〈감자밭〉이 개발한 감자빵은 감자가 들어갔을 뿐만 아니라 외형도 감자와 거의 흡사합니다. 감자를 사용해서 만든 빵은 기존에도 있었지만 감자와 모양도 크기도 맛도 거의 그대로 복제해 낸 빵은 감자빵이 유일합니다.

원물을 사용하는 것은 쉽지만 어렵습니다. 직관적이기 때문에 쉽고 이미 수도 없이 활용되어 왔기 때문에 차별점을 만들어내야 해서 어렵습니다. 제주에는 귤로 만든 제품이 무수히 많습니다. 귤로 만든 맥주는 제주맥주 이전에 있어 왔습니다. 귤 재배 농가는 많고 생산량은 많은데 가격은 계속 떨어지니 고부가가치 상품을 만들기 위한 노력이 오래전부터 지자체와 민간 사업자들에게서 있어 왔습니다. 강원도의 감자 수제비, 감자 술, 감자떡, 감자 캐릭터 기념품 등 강원도의 감자도 제주의 귤처럼 다양한 먹거리, 제품으로 개발되어 왔고 현재도 진행형입니다. 따라서 원물을 활용한다면 이미 시장에 많은 원물 활용 브랜드와의 차이를 만들고 고객의 피로도를 극복하는 것이 관건입니다. 더불어서 지속적인 구매와 브랜드의 성장을 도모하기 위해서는 지금 작동할 문법(동시대성)을 적용하는 것이 중요합니다. 이는 뒤에서 다시 설명하겠습니다.

지역자원
역사/문화

"한강을 건너기 위해서는 나루에서 배를 이용해야만 했습니다. (중략) 오늘날 다리들이 한강에 가설되면서 나루가 사라졌지만, 가설된 다리의 대부분 위치가 나루가 있던 곳에 생겼습니다. 저희는 과거와 현재의 연결성과 상징성을 '나루'에서 찾았습니다. 〈한강주조〉의 첫 술인 〈나루 생막걸리〉를 통해 우리나라 전통주 시장에서 '나루'와 같은 역할을 해낼 것입니다."

성수동에서 막걸리를 만드는 〈한강주조〉의 〈나루 생막걸리〉 브랜드 스토리입니다. 회사가 위치한 지역의 역사/문화적 자산인 '나루터'를 제품명과 스토리로 활용했고 '과거와 현재의 연결'이라는 브랜드가치도 강의 양쪽을 잇는 나룻배의 속성을 따왔습니다. 이처럼 역사/문화는 이야기 형태로 옮길 수밖에 없기 때문에 브랜드의 시각적 모티프나 스토리텔링에 활용하기 좋습니다.

굴이 들어간 맥주나 감자가 들어간 빵은 직관적이며 고객에게 효용이 직접적으로 발생하지만 역사/문화 자산은 고객에게 당장의 베네핏을 주지는 않습니다. 따라서 역사/문화 자원은 브랜딩의 소재로써는 좋지만 제품의 USP(User selling point)로 언급하거나 주요 메시지로써 고객과 커뮤니케이션하는 것은 지양할 필요가 있습니다. 고객이 가장 먼저 알고 싶거나 꼭 알아야 하는 것은 '내가 지금 이걸 사면 무얼 얻을 수 있는가?'입니다.

관건은
동시대성

우리나라는 지금 베이커리와 디저트에 진심입니다. 인스타그램의 인증 문화가 빵과 디저트 시장을 키운 것이라는 합리적인 의심이 들기도 합니다. 〈감자밭〉의 감자빵은 비주얼이 중요한 인스타그램 문법을 잘 이용한 아이템입니다. 감자빵을 인스타그램에 검색해 보면 두 가지 이미지가 동시에 있거나 번갈아가며 보여주는 게시물이 많습니다. 하나는 감자빵 그대로를 보여주는 이미지, 하나는 주욱~ 찢은 모습을 촬영한 이미지입니다. 이를 본 고객은 감자인 줄 알았다가 감자가 아니라 디저트라는 사실을 알고 흥미를 가질 수 있습니다. 포스팅하기 좋은 아이템인 것이죠. 감자밭은 패키지도 시중에 유통되는 감자 박스를 그대로 활용했습니다. 철저히 감자처럼 보이도록 곳곳에 노력한 흔적이 보입니다. 요즘 먹힌다는, 어설프게 그린 듯한 그림체의 '귀여운 캐릭터'도 잊지 않고 챙겼습니다. 이뿐 아니라 대형 카페를 마련한 것도 주효했습니다. '도심 근교 대형 카페'는 고객에게 설득이 필요 없을 정도로 요즘 핫한 공간 문법입니다.

"강원도에는 감자를 테마로 한 공간이나 특화 상품이 없어요. 강원도가 놓친 블루오션인 거죠. 감자를 관광 상품으로 개발해 보자 해서 만든 공간이 카페 감자밭과 감자빵이예요."

_〈감자밭〉 이미소 대표 인터뷰 내용 중

강원도에 감자를 활용한 먹거리는 많습니다만 감자밭은 디저트, 캐릭터, 대형카페, 인증의 재미라는 동시대적 문법으로 감자를 재해석했습니다. 그 결과 고객은, 강원도에 놀러간 친구가 인스타그램에 감자처럼 보이는 게시물을 올리게 되고 감자가 아니라 감자로 만든 빵이라는 말에 1시간 반이면 갈수 있는 춘천에 닭갈비도 먹을 겸 당일치기로 나서게 됩니다. 이렇게 먼 길 찾아갔으니 또 인증을 하게 되고… 이 패턴이 수년째 반복되고 있습니다.

4. 외로움 비즈니스, BAR

　　최근 우리나라에는 에스프레소 BAR의 유행이 한바탕 몰
아쳤습니다. 그 위세는 잠시 소강상태에 접어들었지만 '뜨아'와
'아아'로 양분된 커피 시장에 쓰디쓴 에스프레소가 비집고 들
어와 작게나마 한 자리를 차지한 모습입니다. 당시 제가 다녔
던 회사 부근에도 유명한 에스프레소 BAR가 있었습니다. 이름
은 '리사르 커피'입니다. 3평쯤 될까요. 좁은 공간에서 한 잔에
1,500원짜리 커피를 파는 에스프레소 전문점입니다. 출근길에
들르면 바쁜 직장인들이 가게 오픈 전부터 줄을 서 있습니다.
점심시간도 예외는 없습니다. 가게 밖으로 족히 스무 명은 줄
지어 서서 입장을 기다립니다. 바 테이블에 기대서서 한 명당

두세 잔씩은 마시는데 그래봤자 아메리카노 한 잔 값이니 부담도 없습니다. 주로 혼자나 둘이 가서 서서 마시다 보니 업장 회전율은 또 얼마나 빠른지 줄이 금세 줄어듭니다.

아메리카노를 국물로 여겨왔던 사람들이 왜 갑자기 에스프레소에 열광하는 걸까요? 익히 알던 (스타벅스와 같은) 카페에서 에스프레소를 마시는 사람은 드문 것을 보면 에스프레소의 유행이라기보다는 '에스프레소 BAR'라는 공간이 유행하고 있는 것 같습니다. 그러고 보니 주변에서 밥집, 고깃집, 한식 주점, 이자카야 등 다양한 업종이 BAR 형태로 생겨나고 있음이 감지됩니다. BAR, 왜 지금 생겨나는 걸까요?

교류의 장소,
회전율 높은 공간

오늘날 BAR의 기원은 중세 유럽의 개인 가정에서 시작되었습니다. 당시 가정집에서는 직접 만든 맥주나 포도주가 남으면 손님에게 대가를 받고 파는(교환 경제 시대) 일이 흔했습니다. 팔 만한 술이 있는 집은 긴 장대(Barra)를 걸어 놓고 그 장대 끝

1892년 뉴욕 소재 〈The Corner〉 BAR의 모습

출처 : https://vinepair.com/articles/bars-taverns-19th-century-new-york-city/

에 빗자루나 화환을 걸어둠으로써 '영업 중' 임을 알렸습니다. 이때 사용한, 장대를 뜻하는 라틴어 Barra가 BAR의 유래입니다. 사적 공간에서 시작된 술집이 화폐 경제 시대로 접어들면서 본격적인 접객업으로 발전합니다. 이 시기 나타난 술집은 대부분 숙박업을 겸했습니다. 술집이 가정집에서 시작된 것을 생각하면 술집과 숙박업이 하나로 묶여 있는 것은 자연스럽습니다.

한편, 개인 가정에서 장대를 걸어두고 영업을 하던 시기에 '부엌'은 손님맞이의 공간이었습니다. 당시 '부엌'의 풍경은 오늘날 'BAR'의 모습과 다르지 않습니다. 주인은 집을 방문한 손님을 가족 공동체로 여겨 서로를 알든 그렇지 않든 간에 다른 사람을 이야기에 끌어들였으며 말을 걸어오면 대답을 해줄 일종의 '의무'도 갖고 있었습니다. 이처럼 부엌은 외부와 내부를 잇는 '교류'의 공간으로 기능했습니다.

19세기에 이르러 BAR는 상업적 공간으로 완전히 변모합니다. 상설 운영하는 공공 술집은 더 이상 장대로 영업 중임을 알릴 필요가 없어졌고 대신 홀의 규모가 커지면서 주인과 손님의 경계를 나눌 새로운 'Bar'가 필요했습니다. 바로 '카운터' 입니다. 카운터의 안쪽에는 주인, 바깥쪽은 자연스럽게 손님이 자리하면서 긴 카운터는 판매자와 구매자의 역할을 구분하는 기능을 합니다. 카운터는 19세기 영국에서 처음 출현했는데 이러한 공간 형태의 술집이 영미권으로 확산되면서 'BAR'는 술집의 한 형태를 의미하는 것으로 사용되기 시작하였습니다. 주인과 손님이 카운터를 사이에 두고 술을 마시는 BAR가 19세기 초 영국 대도시에서 처음 생겨난 것은 우연이 아닙니다. 산업혁명 시기 영국의 BAR에서는 브랜디나 진을 주로 판매했습니다. 노동자에게는 도수 높은 술이 '핫식스'였던 셈입니다. 서서 마시는 바 테이블은 휴식 시간이 짧은 노동자가 독한 술을 빠르게 마시기에 적합했습니다. 당시 런던에서 가장 큰 술집은 1주일에 27만 명의 손님이 방문할 정도였다고 하니 컨베이어벨트가 따로 없습니다. 산업혁명 역군에게 핫식스를 공급하던 런던 술집의 사장님이 회전율을 고려했는지는 모르겠으나 BAR가 높은 회전율에 특화된 공간 형태라는 것은 분명해 보입니다.

교류의
폭

〈베드라디오〉1호점을 개발할 당시, 여행자들이 모여 술과 음식을 먹으며 교류할 수 있는 공간이 필요했고 다행히 건물 1층에 7평 정도의 상업 공간이 있었습니다. 처음 그곳을 방문했을 때 꽤 난감했던 기억이 납니다. 7평도 빠듯한데 공간 활용도가 낮은 정방형의 공간이라 체감상 4~5평 정도에 불과한 것처럼 느껴졌기 때문입니다. 고심 끝에 중앙에 널찍한 바 테이블을 두기로 합니다.

우선 바 테이블의 형태는 좁은 정방형 공간에서 가장 많은 좌석 수를 확보할 수 있는 'ㄱ'자 모양으로 정합니다. 그다음 테이블의 높이는 100cm로 잡았습니다. 시중에 판매되는 바 체어의 높이가 일정하게 정해져 있어 정확한 숫자를 정하는 데에 큰 어려움이 없습니다. 참고로 '높이'는 회전율과 관련이 있습니다. 높이가 높은 테이블은 서서 마시거나 앉더라도 긴장도가 높아(소파에는 오래 앉아 있죠) 회전율을 높일 수 있습니다. 공간이 협소하다 보니 바 테이블의 형태와 높이는 '매출'을 높이는 방향으로 설계한 것입니다. 형태와 높이를 정했으니 이제 바

테이블의 폭을 정하면 되는데 좀처럼 이거다 싶은 기준과 정확한 수치를 정할 만한 근거가 떠오르지 않았습니다. 좁은 공간을 고려해 최대한 테이블 폭을 좁게 하자니 고객과 스텝의 거리가 너무 가까워져 왠지 부담스러워할 것 같고 그렇다고 서로 어색하지 않게 떨어뜨리자니 심리적 거리가 생겨 대화가 자유롭지 못할 것 같았습니다. 폭은 '매출'이 아니라 '브랜드가치'와 관련이 있습니다.

애드워드 홀은 프록세믹스(Proxemics, 공간학)를 창시한 미국의 문화인류학자입니다. 프록세믹스는 인간의 감각세계가 공간을 구조화하고 사용하는 방식을 의미하는데요. 그의 연구가 담긴 『숨겨진 차원』이라는 책은 건축이나 인테리어를 배우는 학생들에게는 필독서로 통합니다. 문화인류학자가 쓴 책에서 BAR테이블의 폭에 대한 인사이트를 얻을 줄 상상이나 했을까요. 책에는 이런 내용이 나옵니다. 저자는 인간관계의 다양한 거리를 4단계로 나누어 정의합니다. 1단계인 '밀접한 거리'는 15~45cm로 후각과 방사열을 느끼게 되는 거리입니다. 사랑을 나누고 싸우고 위로해 주고 보호해 주는 등, 연인과 같은 매우 밀접한 관계에서만 허용되는 거리입니다. 2단계인 '개인 거리'는 45~120cm입니다. 서로의 팔을 뻗어 닿지 않는 거리로 신체적 지배의 한계가 일어납니다. 주로 친구나 가족에게 허용되는 거리입니다. 3단계 '사회적 거리'는 120~360cm입니다. 우리가 회사에서 흔히 경험하는 거리입니다. 동료나 상사와의 대화에서 유지되며, 최소한의 개인 업무공간 확보거리가 됩니다. 4단계 '공적 거리'는 360cm 이상으로 대통령이나 주요 연사의 주변으로 자동적으로 형성되는 거리입니다. 서점이나 코워킹 스페이스에 있는 대형 쉐어 테이블의 경우 사람들이 지그재그로 마주 앉아서 책을 보거나 일하고 있는 것을 발견할 수 있습니다. 120cm 이상의 사회적 거리 폭을 가진 테이블은(120폭 테이블은 매우 비쌉니다) 맞은편에 모르는 사람이 앉아도 서로 어색함이 없습니다만 폭이 80cm(개인 거리)라면 십중팔구 모르는 사람의 맞은편에 앉기가 꺼려집니다. 친구들과 반주를 하다가 대화가 달아 올라 장소를 옮길 때, 소파가 있는 술집은 피하는 것이 좋습니다. 식당에서는 테이블 폭이 100cm를 넘지 않는 경우가 대부분인데 소파가 있는 술집은 엉덩이를 깊숙이 밀어 넣고 앉으면 120cm를 넘어갑니다. 만약 대화를 더 밀도 있게 이어가고 싶다면 어둡고, 적정한 긴장감을 유지할 45cm 높이의 의자에, 상대방과의 거리가 80cm 이내로 유지되는 곳을 찾는 것이 좋습니다.

〈베드라디오〉 1호점 BAR의 내부 모습
출처 : 이광석

결론은, 스텝과 손님이 마주한 거리가 100cm 내외가 되도록 설계했습니다. 테이블 폭은 사람 간의 거리를 결정하고 이는 대화의 밀도에 영향을 끼칩니다. 말하자면 BAR의 테이블 폭은 곧 '교류의 폭'입니다. 호스텔은 혼행객이 많습니다. 그 1층에 위치한 BAR이니 혼자와도 어색함 없이 문을 열고 들어올 수 있어야 하고 스텝이 언제든 말을 걸어 가벼운 대화를 건넬 것이라는 기대감을 가질 수 있어야 합니다. 아, 공간이 협소하여 부득이 옆자리 손님과는 50cm 정도로 가깝습니다. 스텝의 도움으로 동행을 만날 수도 있죠.

외로움,
비즈니스가 되다

디지털 혁명 시대는 사람들을 외롭게 만들고 외로움은 BAR의 증가와 무관하지 않습니다. 2018년 1월 영국은 세계 최초로 외로움부 장관(Minister for Loneliness)을 임명합니다. 일본도 고독/고립 장관을 임명하여 외로움을 국가적으로 관리해야 할 문제로 다룹니다. 글로벌 보험사 시그나가 18세 이상 성인

1만 441명을 대상으로 실시한 조사에서 61%가 외로움을 느끼고 점점 더 악화될 것 같다고 답했습니다. 우리나라는 더욱 심각합니다. 시장 조사 기업 엠브레인의 트렌드 모니터의 조사에서 한국 성인 87.7%가 외로움을 느낀다고 답했습니다. 그도 그럴 것이 우리나라는 셋 중 하나가 1인 가구입니다. 디지털 기술이 발전함에 따라 온라인 환경에서 소통하는 일이 더욱 잦아지고 있으며 코로나 이후 원격근무가 확산되는 등 사람을 만날 일은 갈수록 줄어드는 상황입니다.

'문제'는 비즈니스가 되죠. 외로움 비즈니스가 성장하기 시작합니다. 누군가의 외로움을 보면서 자신의 외로움에 위안을 얻는 콘텐츠인 MBC예능 〈나 혼자 산다〉는 2013년 첫 방송을 했고 올해로 10년 차 장수 프로그램이 되었습니다. 각종 커뮤니티 서비스도 성장합니다. 2030 세대는 비슷한 취향을 가진 소규모의 사람들과 느슨하게 연대하며 외로움을 관리해 나갑니다. 2015년 문을 연 오프라인 독서모임 스타트업 트레바리는 가장 촉망받는 커뮤니티 비즈니스 중 하나입니다. '세상을 더 지적으로 사람들을 더 친하게'는 이 회사의 미션입니다. '더 친하게'라는 문구가 떡 하니 있어 인상적입니다. 트레바리는 2020년 기준 누적 회원 5만 명을 달성하고 4년 반 만에 100배 성장하여 소프트뱅크스, 알토스 벤처스 등으로부터 누적 90억 원의 투자를 유치했습니다. 외로움을 해결하는 수단은 온/오프라인을 가리지 않습니다만 온라인 세상이 커질수록 반대급부로 오프라인 만남의 니즈도 커집니다.

동네에 30대 사장님이 운영하는 괜찮은 위스키 BAR가 하나 있습니다. 혼자 사는 김론니 님은 퇴근 후 친구를 만나기엔 귀찮고 혼자 집에 들어가자니 아쉽습니다. 이때 단골 BAR 사장님은 좋은 대안입니다. 대화를 하고 싶을 때 언제든 말을 걸면 몇 마디 주고받을 수 있습니다. 혼자 있고 싶을 때는 고개를 약간 숙이거나 멍하니 한 곳을 보고 있으면 눈치 빠른 사장님이 말을 걸지 않습니다. 대화의 주도권뿐만 아니라 약속의 주도권도 김론니 님에게 있습니다. 언제 만날 것인지 또는 갑자기 못 가게 되었다든지 시시콜콜 말할 필요 없이 휴일을 피해 아무 때나 가면 됩니다. 적당히 느슨하면서도 관계의 주도권이 완전히 김론니 님에게 있으니 변덕스러운 외로움을 달래기에 부족함이 없습니다. BAR를 창업하는 사장님이 사업계획서에 '1인가구의 외로움 해결'이라는 문제 정의를 하지는 않겠지만 느슨한 교류가 가능한 BAR는 1인 가구의 외로움을 해결하고 있습니다.

나 홀로
사장님의 선택

BAR가 급격히 많아진 배경에는 나 홀로 사장님의 증가도 한몫했습니다. 통계청에 따르면 우리나라 자영업자 수는 551만 3,000명(2021년 기준)을 기록했습니다. 1년 전보다 1만8,000명 감소했으나 1인 자영업자는 오히려 4만7,000명이 증가한 것으로 나타났습니다. 이렇게 증가한 나 홀로 사장님의 창업 선택지에 BAR가 들어온 데는 3가지 이유가 있습니다.

첫째, BAR는 소자본으로 창업이 가능합니다. 작게는 5평만 있어도 BAR를 만들 수 있습니다. 공간이 작기 때문에 초기 인테리어 비용이 많이 들지 않습니다. 경우에 따라서는 자신이 직접 인테리어를 할 수도 있어 소자본 창업이 가능합니다. 인테리어 비용 외에도 공간 면적이 작으니 임대료도 낮습니다. 시장의 변동성(유행이 빠르게 변화)이 큰 상황에서 초기 투자비와 임대료를 최소화하는 것은 필수 전략입니다.

둘째, 인건비가 낮습니다. 바 테이블을 가운데 두고 사장님은 제조와 서빙을 겸할 수 있다는 장점이 있습니다. 알바나 매니저를 고용하지 않고도 운영이 가능한 것이죠. 또한 고용 인력의 인건비뿐 아니라 인력을 관리하는데 드는 사장님의 크고 작은 수고도 들일 필요가 없습니다. 알바를 구하기 위해 구인구직 사이트를 들락거릴 필요도 없고 연락도 없이 출근을 하지 않는 직원에게 분노할 일도 없습니다. 비용의 장점만 있는 것은 아닙니다.

셋째, 회전율입니다. 작은지만 BAR의 공간 특성상 회전율을 높이는 전략으로 높은 매출을 기대할 수 있습니다. 에스프레소 BAR에는 카공족이 발을 들일 수 없고 위스키 BAR에는 소주 몇 병 두고 3시간씩 술을 마시는 손님이 오지 않습니다.

외로운 시대, BAR는 적당히 느슨한 교류를 할 수 있습니다. 손님만 외로운 것은 아닙니다. 사장님도 나 홀로 외로이 창업 전선에 뛰어듭니다. 적은 자본으로 나만의 공간을 꾸려 혼자 사부작사부작 운영해 나갑니다. 이래 저래 외로운 비즈니스입니다.

부록

못 사게 해서 팔리는
제한의 기술

● 불티나게 팔리는 초콜릿과 샌드

몇 년 전 콜라보 프로젝트를 위해 초콜릿 브랜드 담당자를 만날 일이 있었습니다. 가로수길에서만 10년 넘게 운영해 온 〈삐아프〉는 국내 수제 초콜릿 브랜드입니다. 판매 공간은 3~4평 남짓하고 그 뒤편으로 20평 정도의 제조 시설이 있습니다. 인스타그램 팔로워 수는 4.2만 명 수준입니다. 거의 찬양하다시피 추천해 준 지인을 반신반의하는 마음으로 첫 미팅을 갔습니다. 발렌타인데이는 초콜릿 가게에게는 대목입니다. 〈삐아프〉도 매년 5~6만 원대의 발렌타인데이 한정판 초콜릿을 선보입니다. 약 3~4,000 세트로 수량이 제한되어 있다 보니 사전 예약을 받습니다. 행사 2주 전쯤 인스타그램 계정에 사전 예약 개시 글을 올린 후 예약이 마감되는 데 걸리는 시간은 3분을 넘지 않습니다. 돈을 태워 광고도 하지 않고 오로지 자사 계정에 게시글 하나 올릴 뿐입니다(아무래도 제대로 찾아온 것 같습니다).

"대단하네요. 대표님. 그런데 그 정도로 순식간에 팔려버리는데 더 많이 생산하지 않는 이유가 있을까요?"
"지금 생산 시설과 직원 규모에 맞게만 하려고요. 즐겁게 일해야 하잖아요. 지금이 충분합니다. 그리고 손님들이 픽업하러 올 때는 이 주변이 마비가 돼요. 더 이상 늘릴 수도 없어요"

〈삐아프〉의 한정판 초콜릿은 치열한 클릭 전쟁을 뚫고 예약에 성공한 수 천명의 사람들이 정해진 날짜에 매장으로 와서 직접 픽업해 가야만 맛볼 수 있습니다. 발렌타인데이뿐만 아니라 화이트데이, 크리스마스 등의 기념일에도 이 일은 반복된다고 합니다. 불편함 가득한 구매 절차와 비싼 가격에도 불구하고 〈삐아프〉의 초콜릿은 왜 매번 3분도 안되어서 동이 나는 걸까요?

몇 년 전 제주를 휩쓸고 간 태풍이 있습니다. 〈제주마음샌드〉입니다. 여행객들의 주머니를 그야말로 태풍처럼 휩쓸고 갔습니다. 초창기만큼은 아니지만 아직도 잘 팔리고 있는 걸 보면 아무래도 감귤초콜릿처럼 제주에 가면 꼭 사야 하는 기념품이 될 가능성도 보입니다. 제주마음샌드는 우도 땅콩 크림이 들어간 아기 손바닥만 한 크기의 디저트입니다. SPC의 파리바게트에서 내놓은 제주 한정 상품으로 제주 공항의 파리바게트에서만 판매합니다. 제주를 찾는 여행객은 공항에 내리면 렌터카를 타러 가기 위해 발걸음이 바빠집니다. 여행객은 공항 입구에서 보이는 야자수나 'Hello Jeju'라 적힌 사인물 앞에서 사진 한 장 찍는 정도의 시간만 허락할 뿐 얼른 렌터카를 타고 제주 여행을 시작하고 싶어 합니다. 그런 여행객들이 제주의 입국장에 위치한 파리바게트에서 〈제주마음샌드〉를 사기 위해 몇 시간씩 줄을 서서 대기합니다. 〈제주마음샌드〉는 제주 공항에 있는 파리바게트 매장 세 곳에서 하루에 6만2,000개가 판매되었습니다. 지루한 대기 시간을 버티면 살 수 있는 것도 아닙니다. 하루 한정 수량만 판매하기 때문에 재고가 소진되면 발걸음을 돌려야 합니다. 그래서 입국할 때 실패한 고객이 제주를 떠나는 출국장에서 다시 도전하기 때문에 출국장 파리바게트도 붐빕니다. 〈제주마음샌드〉는 마음 급한 여행자들을 어떻게 붙잡아 둘 수 있었을까요?

● 대중성과 희소성의 상관관계

사람들은 희소하면 더 갖고 싶어 합니다. 대량 생산이 가능한 '상품'이 희소해지는 방법은 임의로 제한하는 것입니다. 제한하면 (문자 그대로) 희소해지는 것은 맞지만 더 갖고 싶어지는 것은 아닙니다. 다시 말해, 갖고 싶어 할 만한 걸 제한해야 희소성의 가치가 발생하고 사람들은 더 갖고 싶어 하는 것입니다. 소비자 입장에서 이 미묘한 차이가 무슨 상관이겠냐마는 상품을 기획하는 입장이라면 중요합니다. 엄밀히 말해 희소성은 제품이 아니라 브랜드에서 발생하는 것입니다.

제품	브랜드
관심 또는 갖고 싶어하는 사람이 많음	가진 사람은 거의 없음
대중성/시의성	희소성

예를 들어, 수제 맥주는 당시 대중적이고 시의성 높은 제품이었는데 곰표맥주라는 브랜드를 구하지 못해서 희소성이 높았던 것입니다. 나이키 에어포스는 누구나 갖고 싶고 언제든 살 수 있는데 GD라는 브랜드가 붙어서 누구나 살 수 없게 된 것입니다. 따라서 제품이 가장 대중적이고 가장 시의성 높은 것일

수록 제한했을 때 브랜드는 희소해질 수 있습니다. 앞에서 언급한 두 가지 사례인 초콜릿과 제주마음샌드 제품의 공통점은 '달콤한 디저트'입니다. 지금 대한민국에서 이보다 사람들의 관심을 끄는 제품 카테고리가 있을까요.

● 제한의 기술

〈삐아프〉와 〈제주마음샌드〉는 두 가지를 공통적으로 제한했습니다. 구매범위와 판매 수량의 제한입니다. 〈삐아프〉는 매장 픽업이라는 방법으로 구매범위를 제한했습니다. 주변의 교통 문제도 있지만 배송 시 내용물의 손상이 되는 것을 우려-기념일에 망가진 초콜릿을 받았을 때의 문제-하여 매장 픽업을 선택했습니다. 단기적 매출의 확대보다는 지속적인 브랜드 로열티를 만들기 위한(결과적으로 더 높은 매출을 만드는) 의사결정입니다. 이러한 운영 철학은 판매 수량의 제한으로 이어집니다. 온라인 배송을 택했다면 3~4,000 세트가 아니라 1만 세트 이상을 한정 수량으로 내놓을 수도 있습니다만 현재 생산 규모에서 가능한 수준의 수량을 판매하는 것을 결정한 것입니다. 〈삐아프〉는 한정판 판매에서 두 가지를 제한함으로써 완판과 브랜드의 로열티라는 두 마리 토끼를 잡았습니다. 그 결과, 파란만장한 가로수길 상권에서 10년 넘게 꾸준히 브랜드를 이어오고 있습니다.

〈제주마음샌드〉는 제주에서만 판매하여 다시 언제 올지 모른다는 여행자의 심리를 자극합니다. 뿐만 아니라 전략적으로 공항에서만 구매할 수 있도록 구매 범위를 더욱 제한함으로써 갈 길 바쁜 여행자들이 공항에서 장시간 대기하는 진풍경을 연출했습니다. 제주 공항의 연간 이용객은 약 3,000만 명에 달하며 제주를 찾는 사람의 97%가 공항을 거쳐갑니다. 여행객은 공항을 빠져나가면 서울보다 3배가 큰 제주 전역으로 뿔뿔이 흩어집니다. 〈제주마음샌드〉는 공항이라는 '완벽한' 길목에서 구매를 유도하고 이탈을 최소화하는 전략을 택한 것입니다. 수량 제한도 유효했습니다. 제주마음샌드를 무제한으로 살 수 있었다면 이른 시간부터 웨이팅을 하거나 바이럴이 폭발적으로 일어나지는 않았을 것입니다. 제주마음샌드가 맛있다는 말은 들어보지 못했는데 구매 성공했다는 이야기는 자주 듣고 찾아볼수 있습니다.

〈삐아프〉와 〈제주마음샌드〉가 (제게는) 맛있었습니다. 선물하기에도 좋은 패키지에 담겨 있고요. 오랜 시간 쌓아온 인지

도도 높은 브랜드입니다. 공간이나 서비스도 나무랄 데 없이
훌륭합니다. 따라서 이러한 브랜드 또는 비즈니스의 본질의 바
탕이 있다면 '제한'은 꽤 쓸만한 전략입니다.

소비자 관여도에 따른
브랜딩 전략

● 극과 극의 소비자 관여도

12년 간의 창업 생활을 일단락하고 들어간 회사는 당시 상장을 앞둔 수제맥주 회사였습니다. 방을 팔다가 맥주를 팔게 된 것인데요. 직무는 유사했지만 파는 상품이 달라지면서 꽤 혼란을 겪었습니다. 당시 제가 알던 로직 전체가 들어맞지 않는다는 느낌을 받았습니다. 그래서 그 로직이 무엇이며 왜 차이가 나는지 정리를 해봤습니다.

고객이 여행지의 호텔을 예약할 때 길게는 수개월 전부터 탐색을 시작해서 한 도시의 숙소 대부분이 비교 대상에 오릅니다. 그에 비해 맥주는 퇴근길에 집 앞 편의점에 들러 구매할 정도로 즉흥적이고 즉시적입니다. 맥주를 떠올리고, 고르고, 선택하는 데까지 걸리는 시간이 매우 짧습니다. 제품을 구매할 때 소비자가 정보 탐색에 시간과 노력을 기울이는 정도를 '소비자 관여도'라고 합니다. 이것이 높다면 고관여 제품, 낮다면 저관여 제품이라고 합니다. 이렇게 보면, (호텔) 방과 맥주는 소비자 관여도가 극과 극에 있습니다.

● 호텔을 가는, 맥주를 마시는 이유

여행지 호텔의 니즈 Needs는 '휴식'입니다. 오늘의 여독을 풀고 내일의 여행을 준비하기 위해서는 하룻밤 잘 수 있는 숙소가 필요합니다. 하지만 산티아고 순례를 떠나는 것이 아니라면 휴식의 니즈만으로 숙소를 예약하는 경우는 드뭅니다. '집이 아닌 곳에서의 하룻밤'을 기대하는 고객을 위해서는 다양한 원츠 Wants를 충족해야 합니다. 푹신한 침대와 바스락거리는 새하얀 이불, 커튼을 열면 들어오는 바다 뷰, 전화 한 통에 객실 안까지 서빙되는 조식, 친절한 직원 등 고객은 휴식뿐 아니라 일상에서 누릴 수 없는 높은 수준의 환대를 기대합니다.

과거 맥주 광고를 떠올리면 '남자 배우'와 '회식 배경'이 많습니다. 맥주 광고의 클리셰 중 하나죠. 우리나라의 맥주시장의 성장은 회식 문화가 견인했다고 해도 과언이 아닙니다. 오랜 기간 한국의 맥주는 노동자의 사회적 관계를 돕는 윤활유 역할을 했습니다. 요즘은 1인 가구의 증가와 코로나 시대를 거치면서 홈술, 혼술 문화가 빠르게 확산되면서 사회적 관계 유지보다는 개인의 만족이 중요해졌죠. 오늘날 맥주는 퇴근 후의 위로, 주말의 여유, 땀 흘린 후의 쾌감 등 일상의 순간에 의미를 부여하거나 증폭하기 위한 도구가 되었습니다.

	호텔	맥주
니즈/원츠	휴식, 높은 수준의 환대 경험	사회적 관계 유지, 일상의 순간에 의미 부여/증폭

● 구매 결정에 영향을 끼치는 요소

여행을 가기로 마음먹고 항공권을 예매한 사람이 있습니다. 가장 먼저, 숙소를 예약해야 하니 OTA서비스에 접속합니다. 여행할 도시의 이름을 검색창에 넣습니다. 여행 예산을 고려해 '가격' 범위를 설정하고 '평점'이 높은 순으로 세팅합니다. 이제 똑똑한 서비스가 숙소를 차례로 보여줍니다. 숙소를 하나하나 들어가서 사진을 살펴봅니다. 스크롤을 내려 친절도, 청결도, 편의성, 접근성에 매겨진 점수와 후기도 꼼꼼히 살피며 하루 묵을 곳을 찾습니다. 이 과정을 반복하며 몇 군데의 숙소를 예약합니다. 출발까지는 아직 3개월이 남았습니다.

하루종일 이어진 회의 때문에 지친, 퇴근길 직장인이 있습니다. 지하철에서 내려 집으로 걸어갑니다. 시원한 맥주가 당기는군요. 아파트 단지 입구에 있는 편의점에 들러 냉장고를 쓱 둘러봅니다. 안전하게 늘 마시던 하이네켄과 칭따오 먼저 꺼냅니다. 2개 정도는 새로운 맛에 도전합니다. 얼마 전 지인이 추천한 흑맥주 하나를 담고요. 마지막으로 디자인이 예쁜 수제맥주 하나도 담습니다. 만원을 내고 가게를 나섭니다.

	호텔	맥주
니즈/원츠	휴식, 높은 수준의 환대 경험	사회적 관계 유지, 일상의 순간에 의미 부여/증폭
구매에 영향을 끼치는 요소	후기, 평점, 위치	마시던 것, 추천받은 것, 새로운 것

● 관여도의 차이는 왜 날까

호텔을 예약하는 사람과 맥주를 구매하는 사람은 왜 다른 수준의 관여를 할까요. 세 가지로 생각해 볼 수 있습니다.

첫째, 다음 구매까지의 기간입니다. 호텔 예약은 빨라도 한 달 뒤, 늦으면 1년 뒤에나 다시 하게 될지도 모릅니다. 맥주는 매일 마시는 것도 어렵지 않죠. 1년에 한 번이라면 기회의 희소 성이 크기 때문에 심사숙고하게 됩니다.

둘째, 실패에 대한 리스크입니다. 에어비앤비 서비스 초창 기, 이용 고객이 예약 시 사진과 방문 시 실물이 달라 컴플레인 하는 과정을 담은 에피소드가 종종 이슈가 됐었죠. 숙소 선택 의 실패는 전체 여행 일정에 영향을 끼칩니다. 해외여행이라면 평생 다시 오지 않을 곳인데 고객은 그 한 번의 여정에서 최상 의 경험을 하고 싶을 것입니다. 반면 맥주는 4캔 중 이미 50% 의 안전한 선택지가 있기 때문에 나머지 50%는 실패해도 괜찮 습니다. '다음에 이 맥주는 걸러야겠다' 정도로 쿨하게 마무리 할 수 있습니다.

셋째, 이용 시간입니다. 호텔은 체크인 시간 기준(15시~다 음 날 11시)으로 최대 18시간을 머뭅니다. 예약 후 온라인 응대까 지 포함하면 고객과 브랜드가 연결되는 시간이 매우 긴 서비스 입니다. 반면 맥주 한 캔을 마시는 데 걸리는 시간은 약 3~20 분입니다. 오랜 시간 이용 하는 상품일수록 관여도가 높아지는 것이죠.

가격도 변수일 수 있습니다만 가격이 낮아도 오랜 시간 소지하는 물건이라면 관여도가 높아지는 경향이 있어 제외했습니다. 얼마 전 에어팟 케이스가 필요하여 검색을 시작했는데 구매까지 걸린 시간이 3주였습니다. 디자인, 내구성, 후기 등 아주 꼼꼼하게 살펴본 뒤, 제가 구매한 케이스의 가격은 6,500원이었습니다. 저는 이 걸 최소 5년은 씁니다.

	호텔	맥주
니즈/원츠	휴식, 높은 수준의 환대 경험	사회적 관계 유지, 일상의 순간에 의미 부여/증폭
구매에 영향을 끼치는 요소	후기, 평점, 위치	마시던 것, 추천받은 것, 새로운 것
다음 구매까지의 기간	수개월~수 년	1일
실패의 리스크	매우 높음	거의 없음
이용시간	18시간	3~20분

● 증분효과 vs. 지속효과

마케팅 투자에 한한 수익을 의미하는 ROMI(Return on Marketing Investment)는 세 가지 요소에 의해 결정됩니다. 증분효과(Incremental Effect), 지속효과(Persistent Effect) 그리고 실물옵션 (Real Option)입니다. 실물옵션은 회사 고유의 특수성을 의미하므로 제외하고 증분효과와 지속효과의 특성을 비교하여 정리하면 아래와 같습니다.

	증분효과	지속효과
특성	단기적	장기적
활동	전환	노출
목표	매출 증분 Incremental Sales	브랜드 자본 Brand Equity

마케팅이 '사게끔'하는 것이라면, 브랜딩은 '떠올리게끔'하는 것입니다. 사게끔 하려면 단기적으로 구매 전환을 유도해야하고 매출을 높이는 것이 목표입니다. 떠올리게끔 하려면 장기적으로 노출을 지속해야 하고 이때 중요한 것은 브랜드가 추구하는 가치, 회사의 역사, 출시한 제품들, 일하는 구성원 등 하나의 브랜드에 영향을 미치는 모든 자본입니다. 소비자 관여도 측면에서 쉽게 구분하자면 증분효과는 마케팅, 지속효과는 브랜딩이라고 할 수 있습니다.

호텔 방은 고관여 제품입니다. 까다로운 구매 기준을 갖고 수개월을 탐색합니다. 실패했을 때의 리스크(1년 동안 열심히 일한 보상으로 가는 여행이라면)도 매우 큽니다. 따라서 이러한 고객의 선택을 받기 위해서는 최대한 많은 브랜드 자산을 만들어 두어야 합니다. 맥주는 저관여 제품입니다. 4캔 만원이라는 든든한 보험이 있어 더욱 저관여 제품입니다. 퇴근길에 편의점에 들러 쓱쓱 담아 나올 수 있으며 실패의 리스크도 거의 없습니다. 따라서 브랜드 자산보다는 단기적인 전환을 만드는 데 노력하는 것이 좋습니다.

● **출발점으로써의 관여도**

그러나 이것이 절대 값은 아닙니다. 호텔 방도 전략에 따라 저관여 제품이 될 수 있습니다. 예를 들면 모텔은 저관여 제품입니다. 시간을 쪼갠 '대실'이라는 제품은 (고객이 필요로 할 때) 가까울수록 저렴할수록 잘 팔립니다. 모텔을 예약할 때 브랜드의 역사와 스토리를 검색하는 사람은 없습니다. 맥주를 술이 아니라 기념품 또는 선물로 정의한다면 고관여 제품이 되는 경우도 있습니다. 편의점 매대에 놓인 초콜릿은 저관여 제품이지만 〈삐아프〉의 초콜릿은 고관여 제품이 되었습니다. 이 경우 판매

채널과 가격이 변수가 될 수 있음을 알 수 있습니다. 떡볶이가 마트 매대에 놓여 있다면 저관여 제품이지만 추천을 통해 접하고 창업자의 스토리를 모두 확인하고 구매한 〈사과 떡볶이〉는 고관여 제품에 해당합니다.

소비자 관여도가 높다고 해서 좋은 제품, 낮다고 해서 좋지 않다고 할 수는 없습니다. 현재 시장에서 우리 회사의 제품이 갖는 특성을 이해하는 것이 먼저 필요합니다. 출발점을 찍어야 목적지를 어떻게 갈지 설정하니까요. 예를 들어 수제 맥주 브랜드를 만들고 싶다면 현재 시장에서 4캔 만원이라는 구매 패턴과 맥주를 소비하는 사람들의 관여도가 매우 낮다는 사실을 이해하는 것이 중요합니다. 만약 편의점, 마트, 바틀샵에 맥주를 납품할 계획이라면 단기적으로는 캔 디자인과 맥주의 이름에 가장 큰 자원과 시간을 쏟는 것이 브랜드 스토리를 만들고 창업자의 서사를 이야기하는 것보다 좋습니다.

기록하고 올려두자

어릴 적 부모님께 '사람은 누구나 살면서 3번의 기회가 온다'는 말을 듣고 자랐습니다. 좋은 반려자를 만나는 기회, 좋은 직장에 입사하는 기회 그리고 임원 승진, 복권, 아파트 청약과 같이 없어도 사는 데 지장은 없지만 주어지면 살림살이가 드라마틱하게 나아지는 랜덤 선물 박스 같은 기회가 한 번 더 있길 바라는 마음이 만들어 낸, 다소 낭만적 아포리즘이 아닐까 생각했습니다. 고도성장 & 평생직장 시대를 살던 사람들에게 기회는 제한적이었고 그래서 귀하게 여겼을 법합니다. 다시금 부모 세대에게 이 말을 듣는다면 이렇게 정정해서 말씀드릴 것 같습니다. "사람은 누구나 살면서 $(X+Y) \times A$번의 기회가 옵니다." 낭만을 다큐로 받은 감이 없지 않아 있지만 현실은 냉정하니까요! X는 내가 창출하는 기회, Y는 타인이 창출하는 기회, A는 알고리즘입니다. 아시다시피 우리나라는 자영업 비율이 OECD 국가 중 상위권에 속합니다. 또한 대 퇴사 시대, 프리랜서의 시대, 프로 이직러, N잡러, 1인 창업, 부캐 등 지금의 시대를 관통하는 현상을 가치 판단 하지 않고 바라보면 하나의 사실을 가리킵니다. 바로 기회의 증가입니다. 과거 평생직장을 꿈꾸는 사람들은 기회를 창출할 필요가 없었습니다. 회사가 정한 룰에 따라 승진을 하면 되었죠. 반면 오늘날 경제활동을 하는 사람들은 거의 모두 새로운 기회를 만들거나 얻기 위해 항상 레이더를 켜고 연대하고자 합니다. 그래서 기회를 주고받길 원하는 사람들이 모이면 기회의 수가 산술급수적으로 증가합니다. 여기에 알고리즘이 가세하면 기회는 기하급수적으로 늘어납니다. 알고리즘은 사람들을 연결하여 이벤트(열람/좋아요/구독/구매)를 만들어내는 것이 목적입니다. 잠도 자지 않고 기회를 원하는 사람들을 귀신같이 찾아내 눈앞에 보여줍니다. 한편 사람(X와 Y)은 에너지가 제한되어 있고 잠도 자야 합니다. 독서 모임과 같은 커뮤니티 프로그램에 다녀오면 재밌지만 진이 쏙 빠져 한 달에 한 번 정도밖에 가지 못합니다. 그래서 온라인에 나를 대신할 브랜드(XB)를 만들어 둘 필요가 있습니다. 사진/영상/글을 통해 하나의 정체성을 가진 XB를 만들어두면 A가 밤낮으로 일해 Y를 데려다 주기 때문입니다.

가령 "에이 내가 무슨 책을 내." 이건 부모 세대가 가진 '3

번의 기회' 관점에서 본 태도입니다. 책을 쓰는 사람은 대단한 업적이 있었기 때문에 극도로 제한된 출간의 기회를 얻은 것이라 생각합니다. 이걸 '(X+Y)×A의 기회' 관점에서 보면 "일단 기록하고 올려두자."가 됩니다. 참고로 변화한 시장의 환경을 기억해야 합니다. 우열이 아니라 다양성이 작동의 원리입니다. (대단하지 않더라도 그 자체로 다양성의 가치를 가진) 기록을 해두면 기록→출간이 아니라 기록→좋아요→댓글→구독→구매→제안→출간 등 수많은 단계에 걸쳐 이벤트가 일어나고 점차 이벤트(기회)의 질이 높아집니다. 그것이 꼭 책이 되어야 할 필요도 없습니다만 책이 될 수도 있습니다. 책이라는 기회를 만들어야 하는 누군가(Y)가 나의 브랜드(XB)를 발견하고 연락이 오면 말이죠.

첫 사회생활을 창업으로 시작해서 12년 간 이어오다가 코로나의 영향으로 부득이 마침표를 찍었습니다. 하릴없이 카페에 앉은 어느 날, 공교육도 12년 하면 졸업장을 주는데 이것도 12년 했으니까 스스로에게 주는 졸업장이 있었으면 좋겠다는 생각을 했습니다. 남는 건 기록뿐이기도 하여, 사업을 하며 배운 것들을 글로 정리해 나가기 시작했습니다. 브런치스토리에 기록이 제법 쌓이자 구독자가 늘기 시작했고 구독자 중 한 명으로부터 기고 제안을 받게 되었습니다. 그렇게 IT/스타트업 미디어인 〈아웃스탠딩〉에 약 3년 간 브랜딩에 관한 글을 기고하면서 기록물이 수익으로 전환되는 기회가 만들어졌고, 이때의 기록물이 마중물이 되어 책 출간의 기회가 주어졌습니다. 그리고 제가 기록을 멈추지만 않는다면 이 책은 더욱 밀도 높은 기회를 창출해 낼 것입니다.

기록을 결심한 이광석(X)과 꾸준히 글을 써온 저의 부캐 르코(XB) 덕분입니다. 날 것의 기록에 전문성을 더해 완성도 있는 아티클이 될 기회를 제공해 준 〈아웃스탠딩〉 이지현 에디터님(Y)께도 감사드립니다. 조각조각의 아티클을 하나의 주제로 꿰어 책이 될 수 있도록 출간의 기회를 준 갈라북스 배충현 대표님(Y)께도 감사드립니다. 그리고 고마워할지는(?) 모르겠지만 저를 대신해 밤낮으로 일한 네이버, 카카오, 구글 알고리즘님(A)에게도 심심한 고마움을 전합니다. 이들 덕분에 이 책이 주장하는 바를 작게나마 스스로 증명할 수 있었고 덤으로 책이라는 종이 졸업장도 받게 되었습니다.

책의 마지막 페이지에 이르러서야, 제 개인의 삶을 지탱해준 사람들을 위해 몇 줄을 할애하니 독자 분들의 너른 양해 바랍니다. 창업하겠다고 새벽에 구구절절 쓴 편지에 설득되어 준 엄마, 김만순 님 고맙습니다. 내 삶의 롤모델인 누나 이해란과 매형 양승석께도 감사 전합니다. 볼 때마다 마음에 빈틈없이 '볕'이 들게 하는 조카 '양' 채정 고맙습니다. 그리고 마지막으로 일하는 이광석과 이 책이 있게 한 세 명의 리더, 베드라디오 공동창업자이자 CEO 김지윤 님, 제주맥주의 CMO 권진주 님 그리고 넥스트키친의 CEO 정승빈 님에게 특별한 고마움을 전합니다.

참고 자료

• 데니스 뇌르마르크 & 아네르스 포그 옌센, 『가짜노동』

• 송길영, 『시대예보』

• 오바라 가즈히로, 『프로세스 이코노미』

• 마크 W. 셰퍼, 『인간적인 브랜드가 살아남는다』

• 에드워드 홀, 『숨겨진 차원』

●

세상 모든 지식과 경험은 책이 될 수 있습니다.
책은 가장 좋은 기록 매체이자 정보의 가치를 높이는 효과적인 도구입니다.

갈라북스는 다양한 생각과 정보가 담긴 여러분의 소중한 원고와 아이디어를 기다립니다.

– 출간 분야: 경제 · 경영/ 인문 · 사회 / 자기계발
– 원고 접수: galabooks@naver.com